Jill Grigoleit / Ole Grigoleit

Heimathafen

Jill & Ole Grigoleit

Heimathafen

Wie wir mit unserem Hausboot
das Glück auf dem Wasser fanden

ullstein extra

Ullstein extra ist ein Verlag der Ullstein Buchverlage GmbH
www.ullstein-buchverlage.de

MIX
Papier
FSC FSC® C083411

ISBN 978-3-86493-104-8

Gesetzt aus der Sabon bei
Pinkuin Satz und Datentechnik, Berlin
Druck und Bindung: CPI books GmbH, Leck

Für Line und Morlin

Ein Fundstück

Januar 2017

»Ein selbst gemachtes Haus auf hoher See«, lese ich in dem fast 30 Jahre alten Kinderbuch vor mir. Es ist eines dieser Bücher, in die man reinschreiben sollte. Auf dieser Seite hieß die Aufgabe: »Schreibe hier hin, was du nicht vergessen willst.«

Mein Blick wandert über meine friedlich schlafende Tochter hinweg zum Fenster. Draußen dümpeln die Eisschollen träge auf dem ruhigen Wasser vor sich hin. Wenn sie den Rumpf streifen, gibt es ein dumpfes, beunruhigendes Geräusch. Zumindest hat es uns in den ersten Winternächten oft wach gehalten. Fünf Jahre und etliche durchwachte Nächte später gehört es aber zu den Alltagsgeräuschen, die wir kaum mehr wahrnehmen. So wie das leise Gurgeln unter dem Fußboden, wenn die Luftblasen nach oben steigen. Das Knarzen der Brücke und das Ächzen der Tampen, wenn das Wasser steigt oder sinkt oder das Boot vom Wind bewegt wird. Oder das laute Dröhnen der Abwasserpumpe, die unseren Gästen jedes Mal einen Riesenschreck einjagt, wenn sie anspringt.

Meine Tochter stören all diese Geräusche nicht im Geringsten. Sie liegt selig schlummernd in ihrem Hängekorb, der ganz automatisch vor sich hin schaukelt. Vor ein paar Wochen ist sie zu uns gestoßen.

Ich schaue mir die kraklige Kinderhandschrift in dem alten Buch an. Man könnte meinen, es sei schon immer mein Traum gewesen, so zu leben. Aber ich habe das Buch erst vor Kurzem zufällig wiederentdeckt, als wir schon längst auf dem Hausboot lebten. Ich erinnere mich an die Gänsehaut, die ich bekam, als ich diese Seite aufschlug. Weder ich noch irgendjemand aus meiner Familie konnte sich an diesen Eintrag erinnern oder daran, dass ich als Kind davon geträumt hätte, auf dem Wasser zu leben, geschweige denn in einem »selbst gemachten Haus« auf dem Wasser. Also von dem, was ich jetzt tue.

Fast täglich hören wir von Menschen, dass es schon immer ihr Traum gewesen sei, auf einem Hausboot zu leben. Wir können das nicht von uns behaupten. Wir wussten nicht, dass es unser Traum ist. Bis zu diesem Tag, als wir in dem alten Kahn standen, der mal unser Zuhause werden sollte, und auf Unmengen Schutt und Rost starrten. Die meisten Menschen hätten wohl sofort kehrtgemacht. Aber nicht Ole. Vor seinem inneren Auge war unser Haus schon fertig. »Geht nicht gibt's nicht« ist sein Motto. Wo wären wir wohl heute, wenn wir in diesem Moment anders entschieden hätten?

Noch vor fünf Jahren saß ich, wie viele andere Menschen, jeden Morgen in der S3 in Richtung Hamburg auf dem Weg zu einem Job, der mich fünf Tage die Woche vom Aufstehen bis zum Schlafengehen ausgefüllt hat. Meistens darüber hinaus. Ich saß an einem Schreibtisch, hatte nette Kollegen – und ich mochte meinen Job. Hätte uns damals jemand gesagt, dass wir schon kurze Zeit später mit zwei Kindern auf einem selbst gebauten Hausboot leben und einen Hafen betreiben würden, hätte ich ihm den Vogel gezeigt. Und jetzt sitze ich hier, betrachte meine neugeborene Tochter, sehe meinem unermüdlich arbeitenden Mann durchs Fenster zu, wie er in der Eiseskälte mit starren Fingern versucht, die Abwasserleitung aufzutauen, und frage mich: Wie zum Teufel sind wir eigentlich hierhergekommen?

V
Schreib hier hin,
was Du nicht vergessen willst:
ein selbst gemachtes Haus
auf Hoker-sech

Vorwort

Im Juni 2018 wurde unser Leben als Hausbootbewohner plötzlich öffentlich. Das Magazin »37 Grad« im ZDF berichtete über unsere – ursprünglich aus der Not geborene – Lebensform, die wir auch nicht aufgegeben hatten, als Kinder kamen. Die vielen (fast nur positiven) Reaktionen wildfremder Menschen auf den Beitrag machten uns klar, dass unser Leben für viele mehr bedeutet als für uns selbst. Wer vom Aussteigen aus den Zwängen des Lebens (als Mieter, als Angestellter, als Pendler etc. etc.) träumt, sieht in uns oft diejenigen, die seine Träume leben und verwirklichen.

Andere betonen eher, dass Hausboote ein Beitrag zur Linderung der Wohnungsknappheit sein können, und interessieren sich für den Weg, den wir gefunden haben, obwohl wir kein eigenes Kapital hatten und immer mit wenig Geld auskommen mussten.

Und wieder andere haben sich schon ganz bewusst mit dem Traum vom Leben auf dem Wasser beschäftigt und erhoffen sich von uns konkrete Informationen über Vor- und Nachteile dieser Lebensweise.

Nachdem wir anfangs überrumpelt waren vom Interesse an uns und unserem schwimmenden Zuhause, erwärmten wir uns bald für den Gedanken, unsere Geschichte aufzuschreiben – schon um so die vielen Fragen zu beantworten, die uns immer wieder gestellt werden.

Wenn Menschen ihre Geschichte erzählen, neigen sie ja dazu, alles im Nachhinein für das zwangsläufige Resultat eines ausgeklügelten Plans zu halten. Weder die Misserfolge und Niederlagen noch das Glück und die Zufälle passen in so eine »Heldenerzählung« rein, weshalb sie manchmal unter den Tisch fallen.

Wir hoffen, dass wir dieser Versuchung widerstanden haben. Wir haben jedenfalls versucht, die vielen Unwahrscheinlichkeiten unseres Lebenswegs ebenso darzustellen wie unsere Unsicherheiten und Zweifel. Wir wollen mit diesem Buch nicht erreichen, dass man uns für tolle Hechte hält, die die Weisheit mit Löffeln gefressen haben. Denn das sind wir nicht. Wir sind ein ganz normales Paar und eine ganz normale Familie – mit einem zugegebenermaßen nicht ganz normalen Lebensmodell.

Dieses Buch erzählt unsere Geschichte im Großen und Ganzen chronologisch. Manchmal aber ist es sinnvoll, ein Thema zu behandeln und dabei auch mal vorzugreifen oder zurückzuschauen. Wir hoffen, dass sich beim Lesen trotzdem niemand verirrt in unserem kleinen Hafenbecken.

Den größten Teil dieses Buchs hat Jill geschrieben – das Schreiben ist schließlich ihr Beruf. Aber der Reiz eines Buchs, das ein Paar über sein gemeinsames, verrücktes Leben schreibt, liegt natürlich darin, dass beider Perspektive zur Sprache kommt. Deshalb hat auch Ole regelmäßig seinen Senf dazugegeben. Von wem welche Passage ist, haben wir jeweils am Textanfang angegeben – durch ein  oder ein  .

Und nun: Leinen los!

Eure Jill und euer Ole

»Weißt du was? Ich bau uns was!«

Wie alles anfing

Sommer 2011

Ich traue mich kaum einen Schritt weiterzugehen in all dem Schutt, aus Angst, einzubrechen oder etwas noch Ekligeres als den Rattenkopf zu finden, den Ole eben unter einer Bohle hervorgeholt hat. Es stinkt, und es ist die reinste Bruchbude. Eigentlich kann man nicht mal von einer »Bude« sprechen. Die Wände bestehen nur aus ein paar Brettern, und es gibt keinen Fußboden. Man blickt auf die nackte Bilge, also den Stahlrumpf. Wobei man auch von diesem vor lauter abgeblätterter Farbe und Rost kaum mehr etwas erkennen kann. Fast habe ich ein bisschen Angst davor, zu Ole rüberzuschauen. So gut kenne ich ihn schon. Und als ich sein Lächeln, das Leuchten in seinen Augen sehe, weiß ich: Die Entscheidung ist eigentlich schon gefallen. Dieser alte Kahn, dieser schwimmende Trümmerhaufen ist das reinste Paradies für Ole – und es ist offenbar unser zukünftiges Zuhause.

Manche halten Ole für einen Spinner, ich nenne ihn mittlerweile einen »Visionär«. Aber es hat Jahre gedauert, bis ich den feinen Unterschied erkannt habe. Er fantasiert nichts herbei, was nicht da ist – doch er wittert es, wenn irgendwo ein Potenzial schlummert, und sei es auch noch so versteckt. Wo andere einen Haufen Schrott sehen, entdeckt er einen Schatz. »Das ist alles machbar! Hier ein bisschen Rost klopfen, da ein bisschen schweißen. Das Haus reißen wir ab, in ein paar Wochen bau ich dir da ein neues drauf. Du wirst sehen! Und wenn es nicht klappt, bekommen wir für den Rumpf immer noch den Stahlwert! Wir können gar nichts verlieren!« Er ist nicht so naiv, wie es hier klingen mag. Aber er weiß, dass es mir Angst machen würde, wenn er gleich alle Karten auf den Tisch legen würde, was Probleme und Hürden angeht. Also gibt er sich Mühe, die Sache herunterzuspielen.

Das war schon immer seine Stärke: Wenn er sich etwas in den Kopf gesetzt hat, dann zieht er alle Register. Er lullt mich so lange mit Argumenten ein und rechnet mir alles so lange vor, bis selbst mir – dem Angsthasen in unserer Beziehung – das Risiko minimal erscheint. Im Grunde hatte ich schon keine Chance mehr, als er die alte Schute bei eBay entdeckt hatte. Ole ist kein weltfremder Träumer, sondern ein fantasiebegabter Anpacker. Wenn er von etwas träumt, setzt er es konsequent und in rasantem Tempo in die Tat um. Seit ich ihn kenne, ist kein Jahr vergangen, in dem er nicht mindestens fünf Projekte angegangen hat, die meisten gleichzeitig. Am liebsten hätte er sechs Hände und 48-Stunden-Tage. Manchmal behauptet er, er wünsche sich einen einfachen Angestelltenjob und eine Mietwohnung mit »Handwerkerservice«. Aber ich bin mir sicher, er würde sich zu Tode langweilen – und wenn mal ein Handwerker käme, würde er im Nachhinein alles noch mal, nämlich »richtig« machen. Seit ich mit Ole zusammen bin, habe ich keinen Handwerker mehr zu Gesicht bekommen, weil er alles selbst macht.

Um zu verstehen, wie es dazu kommen konnte, dass wir jetzt hier in dieser Bruchbude stehen und im Begriff sind, uns einen rostigen Kahn als Grundlage für unser erstes gemeinsames Zuhause zu kaufen, muss man noch ein paar Wochen zurückspulen.

Alles begann an einem verregneten Juninachmittag. Zusammen mit etwa fünfzig anderen, genauso frustriert dreinblickenden Gestalten standen wir im Regen in einer Schlange vor einem mehrstöckigen Gebäude in Hamburg-Eimsbüttel. Und warteten. Wir warteten darauf, uns binnen maximal fünf Minuten als die besten Mieter für eine überteuerte, heruntergekommene Zweieinhalb-Zimmer-Wohnung zu präsentieren, die wir eigentlich gar nicht haben wollten. Und wir warteten, obwohl wir schon wussten, was uns da im zweiten Stock des Klinkerbaus erwarten würde: ein genervter und überheblicher Makler, der mit einem Stapel Bewerbungsbögen im Arm an der Eingangstür stehen und die Leute in kleinen Grüppchen an sich vorbei in die Wohnung winken würde. Er würde nicht mal so tun, als müsste er die Wohnung anpreisen oder den Leuten irgendetwas dazu erzählen. Wozu auch? Jeder hier wäre glücklich, wenn er sie bekäme, egal in welchem Zustand und egal zu welchem Preis. Und wir warteten, obwohl wir wussten, dass wir keine Chance hatten mit unseren mickrig ausgefüllten Bewerbungsbögen. Denn die erste Frage des Maklers würde unweigerlich wieder die nach einem Arbeitsvertrag sein. Und den hatten wir nicht, keiner von uns.

Nach Hamburg sind wir gekommen, um beide einen Job zu finden. Und wir wollen jetzt zusammenwohnen. Bisher war unser Lebensmodell: zusammen sein, aber in verschiedenen WGs wohnen. Eine Wohnung bekommt jedoch nur, wer einen festen Arbeitsvertrag vorweisen kann. Oles Selbstständigkeit und mein Studentenstatus genügten Vermietern nicht.

Als der Regen schlimmer wurde, löste sich die Schlange der Hoffnungslosen auf. Auch wir gaben auf und steuerten frustriert ein nahe gelegenes Café an. Und da, in diesem Moment, nassgeregnet, genervt und voller Zweifel, begann die Geschichte unseres Lebens. Denn irgendwo in den ideenreichen Windungen und Wirrungen von Oles Gehirn hatte vor einiger Zeit eine Art Plan begonnen, sich zu entwickeln. Nein, Plan ist das falsche Wort. Ole ist niemand, der ausgereifte Pläne schmiedet. Ole ist jemand, der viele verrückte Ideen hat. Und ab und zu kann er nicht anders, als eine davon umzusetzen – und zwar sofort. Während ich also weiter tapfer nach Wohnungsangeboten suchte, zückte Ole sein Handy und ging seiner Lieblingsbeschäftigung nach: Er stöberte bei eBay herum. Und zwar so, wie er es gerne tut: ziellos. Dachte ich jedenfalls.

Ich hatte mich gerade selbstständig gemacht, mit einem Entrümpelungsservice und als Messebauer. Gar nicht mit der Absicht, wirklich eine Firma mit allem Drum und Dran zu gründen. Ich wollte nur keine Probleme wegen Schwarzarbeit bekommen. Als wir uns auf Wohnungssuche in Hamburg machen, bin ich gerade in einem kleinen Sportboothafen in Hamburg-Harburg damit beschäftigt, in einer Hafenbarkasse den neuen Fußboden zu verlegen. Meine Auftraggeber sind der Hafenmeister und seine Frau; sie haben den Hafen vor Kurzem übernommen. Zu der Anlage gehört eine gut ausgestattete Werkstatt, in der sowohl Holzarbeiten als auch Metallbearbeitung möglich sind. Ich verstehe mich sofort mit den beiden und finde es spannend, wie vielfältig ihre Aufträge sind und wie zielstrebig und furchtlos sie die anfallenden Aufgaben angehen. Mein Tätigkeitsfeld dort kennt eigentlich keine Grenzen – von Bootsservice bis Messebau und von Tischler- bis zu Schlosserarbeiten. Und ich lerne sogar, über einer Schmiedeesse Opferanoden aus Zink zu gießen, für ein Kraftwerk. (Als ich Jill davon erzähle, guckt sie mich allerdings an wie ein Auto. »Opferanoden?!?« Ich scheine wirklich ein Freak zu sein.)

Jill hat ein WG-Zimmer in der Hamburger Innenstadt gefunden, allerdings nur zur Zwischenmiete. Weil wir glauben, dass es nur übergangsweise sein wird (weil wir ja bald in unsere eigene Wohnung ziehen werden), klappt es einigermaßen, dass wir uns das Zimmer mehr oder weniger teilen. In dieser WG habe ich im Laufe meiner Sturm- und Drangzeit bereits mehrere Male gewohnt, die Mitbewohner kennen mich daher alle sehr gut. Oft schlafe ich aber zusammen mit unserer Hündin Yola in unserem VW-Bus im Hafen, weil es bequemer ist, am Morgen direkt am Arbeitsplatz zu sein. Und es ist einfach etwas Wunderschönes, den ersten Kaffee direkt am Wasser zu genießen.

Wir haben uns damals echt viele Wohnungen angeschaut. An eine erinnere ich mich noch gut. Wir hätten sie tatsächlich bekommen können, über Vitamin B. Allerdings hatte sie bei der Besichtigung keinen Fußboden und sah sehr heruntergekommen aus. Man hatte freie Sicht auf Balken und Isolierung, und die Wände sahen einsturzgefährdet aus. Ich für meinen Teil konnte mir die Wohnung schon fertig renoviert vorstellen und hätte dafür plädiert. Aber Jill war direkt abgeschreckt. Meine Sorgen galten eher der zwielichtigen Gegend, in der meine Freundin nachts ohne Begleitung hätte herumlaufen müssen.

Allmählich müssen wir uns eingestehen, dass es weitaus schwieriger ist, eine Mietwohnung zu finden, als wir gedacht haben. Und über die Alternative »Eigentum« nachzudenken verbietet sich von selbst, wenn man keinerlei finanzielle Rücklagen hat. Allerdings würden meine Eltern für ihre drei Kinder, also für mich und meine beiden Schwestern, ihr letztes Hemd geben. Und so kommt angesichts unserer immer verzweifelteren Suche nach einer Mietwohnung irgendwann doch die Idee auf, vielleicht eine Eigentumswohnung in Hamburg zu kaufen. Der Gedanke ist verlockend. Keine Miete, sondern einen Privatkredit bei meinen Eltern, die wiederum einen Kredit bei der Bank aufgenommen hätten, und eine monatliche Miete, die der Ratenzahlung an die Bank entspricht. Also beginnen wir mit der Suche nach einem passenden Objekt.

Ein paar Wochen später wird uns die erste halbwegs erschwingliche Wohnung im Stadtteil Hamburg-Eppendorf angeboten. Eppendorf kam für mich als Hamburger Partyszenerumtreiber bis dahin eigentlich weniger infrage – das Viertel ist im Vergleich mit meinem St. Pauli doch eher spießig. Eigentlich halte ich mich auch nur selten in anderen Stadtteilen auf, wenn es nicht wegen der Arbeit nötig ist. St. Pauli ist für mich der Mittelpunkt Hamburgs. Es gibt alles direkt vor der Tür: kleine Cafés, wo man am Nachmittag einfach nur über das Leben reden und nachdenken kann. Alle Läden, die man braucht. Und abends kann man sich vor der Haustür entscheiden, ob man nach rechts in Richtung Schanze geht oder nach links in Richtung Hafen oder Hamburger Berg. Und man kennt seine Nachbarn, wie in einem kleinen Dorf. Verlässt man die Wohnung, trifft man ohnehin immer mindestens einen Bekannten, der genau weiß, wo gerade was los ist. Und in den Kneipen rund um den Paulinenplatz bin ich nach einigen Jahren auch kein Unbekannter mehr. Mein Stadtteil gibt mir einfach ein Gefühl von Freiheit – und diesen Ausdruck sehe ich auch in den meisten Gesichtern, in die ich auf der Straße schaue. Sicherlich habe ich es in meiner Kiez-Zeit manchmal übertrieben, aber ich bin im Nachhinein auch froh über diese durchaus wilde Zeit.

Die angrenzenden Stadtteile kenne ich, wie gesagt, fast nur aus Erzählungen. Meine Eltern hingegen kennen Eppendorf noch aus ihren Studentenzeiten, als die Gegend der eigentliche Szenemittelpunkt Hamburgs war und man in den Musikkellern die Nächte verbrachte. Nach einigem generationsübergreifenden Erfahrungsaustausch entscheiden wir uns dann, dass wir jetzt doch etwas weniger Trubel brauchen und bereit für Eppendorf sind.

Die Besichtigung ist vielversprechend. 3½ Zimmer, Hochparterre, kleiner Garten, ruhige Straße, 120000€, also perfekt. Alles nimmt seinen wohl üblichen Lauf: Der Makler schleimt, die Bank gewährt meinen Eltern den Kredit mit ungeheurem Zinssatz, und wir stoßen mit einem Glas Sekt (vielleicht auch mehr) auf die Superwohnung an. Und dann, einen Tag später, bekommen wir eine Mail vom Immobilienmakler: Die Eigentümerin habe die Wohnung jetzt doch privat verkauft. Mit freundlichen Grüßen ... Das ist ein echter Tiefschlag für uns. Wieder kein richtiges Dach über dem Kopf. Wahrscheinlich wurden wir nur als Druckmittel für einen anderen Kaufinteressenten benutzt.

Aber vielleicht war es ja Schicksal. Wäre der Zuschlag damals an uns gegangen, sähe unser Leben heute wohl ganz anders aus. Wenn man mal die Tatsache vernachlässigt, dass wir mittlerweile zwei Töchter haben und die 3½ Zimmer wohl etwas knapp geworden wären: Zumindest der Wert der Wohnung hätte sich in der Zwischenzeit durchaus attraktiv entwickelt. Aber wären wir glücklich? Vielleicht hätten wir beide einen festen Job in irgendeinem ausbeuterischen Großkonzern, nur um irgendwie den Kredit zu tilgen.

Bei einer der diversen Flaschen Wein, die wir abends auf die Frustnachricht köpfen, kommt meine Mutter dann auf die Schnapsidee, man könne doch ein Hausboot kaufen.

Beratungsresistent, wie ich bin, belächle ich diesen Einfall natürlich sofort mit einem Hauch Arroganz und tue ihn als Blödsinn ab. Aber der Gedanke lässt mich nicht wirklich los. Er hat sich in meinem Hirn eingenistet. Nur scheint er mir nicht sehr realistisch.

An einem lauschigen Abend, bei Lagerfeuer und mit einem Feierabendbier in der Hand, erwähne ich diese verrückte Idee gegenüber meinem damaligen Auftraggeber, dem Hafenmeister in Harburg. Ich tue das ohne Hintergedanken und eigentlich eher in einem Nebensatz. Der verrückte Hafenmeister, ein gebürtiger Holländer, springt aber sofort auf den Zug auf und meint, ich könne das Boot gerne bei ihm auf dem Hafengelände ausbauen. Es durchfährt mich wie ein Lichtblitz, wie eine Erleuchtung. Auf einmal wird aus der Schnapsidee ein tatsächlich realisierbarer Plan. Meine Handwerkergene melden sich und machen Druck.

Ich bin in einer Familie aufgewachsen, in der immer alles selbst gemacht wurde. Nie hätte mein Vater für irgendwelche Arbeiten am Haus einen Handwerker geholt. Während meine Schulkameraden ihre Sommerferien im Freibad oder im Campingurlaub verbrachten, habe ich mit meinem Vater Fundamente ausgegraben und Leitungen verlegt. Seine Werkstatt war für mich von klein auf zugleich Faszination und Pflichtprogramm. Von ihm habe ich fast alles gelernt. Vor allem aber habe ich von ihm gelernt, dass man sich fast alles selbst beibringen kann. »Learning by doing«, dieser Satz hat sich bei mir eingebrannt.

Leider hatte ich in meiner Schulzeit genug Flausen im Kopf, die eine Wochenend-Strafarbeit im Sinne meines Vaters absolut rechtfertigten. Oft hat mich das noch frühere Aufstehen als an den Schultagen ziemlich genervt – aber heute bin ich eigentlich froh, dass ich dadurch gelernt habe, ein Projekt zielstrebig durchzuziehen, ohne Schonung. »Erst die Arbeit, dann das Vergnügen«, hieß es immer. Und manchmal haben mir meine Klassenkameraden zum Beispiel beim Graben des Gartenteichs geholfen, damit wir danach doch noch gemeinsam ins Schwimmbad konnten.

Meinem Vater habe ich sicherlich zu verdanken, dass ich bis heute dieses Zutrauen in mich selbst habe: den Mut, Dinge anzupacken, die anderen Angst machen würden, und das Durchhaltevermögen und den Ehrgeiz, sie dann auch bis zum Ende durchzuziehen. Das dürfte die Wurzel der fixen Idee sein, die mich im Sommer 2011 nicht mehr losließ: Wenn es nichts Fertiges für uns gibt, dann bauen wir uns halt was!

Zurück in diesen Sommer. Noch weiß Jill nichts von dem, was sich da gerade in meinem Kopf zu einem Plan zusammensetzt. Ich will sie erst einweihen, wenn ich mir sicher bin, dass ich sie auch überzeugen kann. Also mache ich mich im Internet auf die Suche nach der geeigneten Basis für unser neues Zuhause.

An dieser Stelle muss ich gestehen: Ich bin ein eBay-Junkie. Es gibt für mich kaum etwas Schöneres als eine Schnäppchenjagd im Internet. Sehr zum Leidwesen meiner Frau finde ich immer wieder Schätze, die ich einfach erstehen *muss*. Wer weiß, wozu man manches noch brauchen kann. Jahre später sollte diese Leidenschaft natürlich erst recht entfesselt werden, denn seit wir den Hafen haben, haben wir sehr viel Platz, wo ich all diese Kostbarkeiten unterstellen kann, bis ich Zeit habe, mich ihnen zu widmen. Die meisten Dinge sind natürlich nicht perfekt. Überall muss ein bisschen was gemacht werden, damit der eigentliche Wert zutage tritt. Und theoretisch kann ich es dann gewinnbringend wiederverkaufen. Oft genug funktioniert das auch sehr gut. Jill hat für dieses Hobby allerdings kein Verständnis, sodass meine Jäger- und Sammlerleidenschaft des Öfteren der Grund für Streitereien zwischen uns ist. Als ich zum Beispiel mal ein Super-Schnäppchen bei eBay entdeckte, einen alten und völlig verrosteten Suzuki Samurai (früher auch »Friseurinnenjeep« genannt), musste ich einfach zuschlagen – und erzählte Jill nichts davon. Ein ganzes Jahr lang versteckte ich das Auto vor ihr im Schuppen. Als ich es ihr irgendwann beichtete, war sie nicht mal sauer, weil wir beide so über die Absurdität lachen mussten, dass es mir tatsächlich gelungen war, ein ganzes Auto praktisch vor ihrer Nase zwölf Monate lang zu verstecken.

Auch diesmal werde ich jedenfalls erstaunlich schnell fündig: die *Marina Sophia*, 20 Meter lang, 5 Meter breit, Baujahr 1933. Der Rumpf aus massivem Stahl, der Aufbau eine Katastrophe, das sieht man schon auf den Bildern. Aber: Für 6000 Euro kann man bei 20 Tonnen Stahl nicht viel falsch machen, denke ich mir. Im allergrößten Notfall würden wir für den Stahl noch ungefähr genauso viel bekommen, wenn wir es wiederverkaufen sollten. Und mit dieser Argumentation, den Fotos und einem kurzerhand vereinbarten Besichtigungstermin am nächsten Morgen mache ich mich daran, Jill unser neues Zuhause zu verkaufen. An einem verregneten Tag in einem Café in der Nähe einer Wohnung, in der wir niemals so glücklich geworden wären, wie wir es jetzt sind.

»Weißt du was? Ich bau uns einfach was!« Das waren seine Worte. Ich weiß es noch, als wäre es gestern gewesen. Ich starrte auf meinen Laptop und hörte ihm gar nicht richtig zu. Aber er blieb hartnäckig: »Hast du gehört? Hör auf zu suchen! Ich bau uns was!« Etwas genervt klappte ich den Laptop zu und schaute zu ihm rüber. »Wie meinst du das? Willst du jetzt ein

Grundstück kaufen und ein Haus bauen? Mit welchem Geld und wo denn bitte schön? Hier in Hamburg?«

Ich genoss es, den Sommer mitten auf dem Kiez zu verbringen. Man war immer unter Leuten, ich liebte die Atmosphäre auf den Plätzen zwischen Millerntorstadion, Reeperbahn und Sternschanze. Aber wir waren uns beide einig: Nach sechs Jahren Nomaden-WG-Leben war es damit jetzt allmählich genug. Wir wollten was Eigenes, wo wir uns nur noch zu zweit über Putzpläne, Fernbedienungen und Badbenutzungszeiten streiten mussten.

»Ein Hausboot! Ich bau uns ein Hausboot!« – Da war es! Und in diesem Moment, als Ole mir das erste Mal von seinem Plan erzählte, war er in seinem Kopf bereits viel weiter entwickelt, als ich mir hätte vorstellen können.

»So ein Quatsch! Das ist doch bestimmt eng und dunkel und schaukelt, und im Winter ist es feucht und kalt«, tat ich den Vorschlag sofort ab. Er klappte den Laptop wieder auf und öffnete eine Anzeige bei eBay. »Hier. 100 Quadratmeter Wohnfläche. Reicht dir das? Den Aufbau reißen wir natürlich ab, da bau ich dir was Neues drauf, das geht fix. Bis zum Winter könnten wir einziehen. Ach, und übrigens: Wir haben morgen um 10 Uhr einen Besichtigungstermin! Wir können es uns ja wenigstens mal anschauen, kostet doch nichts.« So ist er. Und so war er schon immer. Bevor man auch nur B sagen kann, hat er C, D und E gesagt. Wenn er sich etwas in den Kopf gesetzt hat, macht er Nägel mit Köpfen.

Und nun stehen wir hier, in all dem Schutt, und sind kurz davor, die Entscheidung unseres Lebens zu treffen.

Wir kaufen ein Hausboot!

Der Besitzer der *Marina Sophia* steht mit seinen drei großen Hunden am Ufer. Man sieht ihm an, dass für ihn gerade ein Traum endgültig zerbricht. An einigen Ecken hat der angeblich gelernte Zimmermann angefangen, seine Vision in die Tat umzusetzen. Am Heck des Bootes thront eine Art Turm mit 2,50 Meter hohen Fenstern. Wenn man genau hinschaut, erkennt man, was er im Sinn hatte, wozu nur leider das Geld oder vielleicht auch das nötige Durchhaltevermögen gefehlt hat. Hinzu kommt, dass er keinen festen Wohnsitz hat und deshalb notdürftig bei jemandem untergekommen ist. Und die Stadt Geesthacht will jetzt seinen Liegeplatz räumen. Irgendwann jedenfalls muss er akzeptiert haben, dass er es allein nicht schaffen würde. Und das Ende seines Traums ist der Beginn des unsrigen.

Oles Eltern, die uns das Geld für die Baumaterialien leihen wollen, sind mitgekommen, und ich sehe, wie sein Vater skeptisch jeden Zentimeter des Rumpfs unter die Lupe nimmt. Aber der Stamm steht nicht weit vom Apfel. Auch bei ihm kann ich den Ehrgeiz in den Augen leuchten sehen, den Tatendrang, den dieses Wrack in ihm weckt. In dieser Familie wird ein Projekt erst dann wirklich spannend, wenn es nach richtig viel Arbeit aussieht. Und so hat die *Marina Sophia* die beiden Männer bereits beim ersten Rendezvous um den Finger gewickelt.

Wir bedanken uns beim unglücklichen Besitzer und sagen, wir würden uns melden. Fünf Minuten später sitzen wir zu viert in einem kleinen Beachclub, nur ein paar Meter weiter, und diskutieren bei Currywurst und Pommes über das Für und Wider eines Kaufs.

Ich muss zugeben, selbst ich bin mittlerweile angesteckt von der Euphorie, die Ole ausstrahlt. Da meine größte handwerkliche Leistung aber bisher darin bestand, ein IKEA-Regal aufzubauen, halte ich mich mit fachlichen Kommentaren lieber zurück. Ich kann überhaupt nicht einschätzen, ob wir diesem Projekt gewachsen sind. Ich traue Oles handwerklichem Können. Was ich aber noch nicht richtig abschätzen kann, ist, inwiefern er – um seinen Traum nicht zu gefährden – ausblendet, dass er ganz allein ist. Ich kann ihm kaum helfen, seine Eltern wohnen zu weit weg, sein Vater arbeitet noch. Kann er mit seinen eigenen zwei Händen aus diesem Schrotthaufen ein auf Dauer bewohnbares Zuhause schaffen? Oder werden wir am Ende ebenso traurig vor dem zerplatzten Traum stehen wie der Vorbesitzer?

Oles Vater sitzt mir mit einem verschmitzten Lächeln im Gesicht gegenüber. Dieter ist ein Seebär, wie er im Buche steht: runder Bauch, dichter grauer Bart, Seemannstattoo. Es fehlt nur die Pfeife im Mundwinkel. Seit er 15 war, ist er zur See gefahren. Viele Jahre hat er als Kapitän die Welt umschifft, bis er vor einigen Jahren sesshaft wurde und seither als Lotse auf dem Nord-Ostsee-Kanal arbeitet. Den Großteil seines Lebens war er also auf Schiffen zu Hause. Für ihn ist das alles hier sozusagen ein Heimspiel. Ich schaue zu ihm hinüber und frage: »Schafft er das?« Seine Antwort kommt prompt und ohne jeden Zweifel in der Stimme: »Schafft er!« Nicht mehr und nicht weniger. Aber das hat es gebraucht. Niemand kennt Ole und seine Fähigkeiten besser. Wenn *er* an ihn glaubt, habe ich keinen Grund mehr zu zweifeln.

Ohne mit der Wimper zu zucken, leihen Ute und Dieter

uns das Geld für den Bau. In den nächsten fünf Jahren werden wir es Monat für Monat zurückzahlen. Für mich ist es ein komisches Gefühl, von jemandem Geld anzunehmen und damit in eine Art Schuld zu treten. In meiner Familie wurde nie Geld geliehen oder ein Kredit aufgenommen. Ich komme aus einer typischen Mieterfamilie. Wir haben immer in Mietwohnungen gewohnt und nur ausgegeben, was da war. Sicherheit war in meiner Familie wichtiger als das Ziel, irgendwann einmal etwas Größeres zu erreichen oder etwas Eigenes zu besitzen. Dafür wäre man bei uns nie das Risiko eingegangen, alles zu verlieren. In Oles Familie ist es genau das Gegenteil. Alle drei Kinder der Familie haben den Drang und den Ehrgeiz, etwas Eigenes zu besitzen und sich ein eigenes Unternehmen aufzubauen. Auch wenn ich diesen Drang nach Unabhängigkeit und diesen Ehrgeiz bewundere und nachempfinden kann, macht mir ihre Unbeschwertheit in Sachen Finanzen oft Angst.

Wenige Tage später sitzen wir bei Kaffee und Kuchen im Wohnzimmer eines alten Professors, bei dem der Verkäufer des Bootes untergekommen ist. Die Wände sind bis unter die Decke vollgestopft mit Büchern, und auf dem Fußboden liegen schwere dunkle Perserteppiche, auf denen sich drei große Hunde rekeln. Auf dem runden Eichentisch in der Mitte des Raums liegt ein dünner roter Ordner mit der krakligen Aufschrift »Marina Sophia«. Darin nur ein paar mickrige, zerknitterte DIN-A4-Seiten: ein Standard-Kaufvertrag und eine Art Urkunde, auf der Name und Registriernummer des Schiffes eingetragen sind – nicht aber ein Eigentümer. So etwas wie einen Fahrzeugbrief, der uns attestiert, dass es unser Schiff ist, gibt es nicht. Es ist ein komisches Gefühl, hier zu sitzen und im Begriff zu sein, ein Haus zu kaufen, dafür aber keinen Grundbucheintrag, kein notariell beglaubigtes Papier zu erhalten, sondern lediglich einen kleinen Zettel, den er gut auch selbst noch kurz hätte anfertigen können. Kein Makler und kein Notar ist anwesend, und bezahlt wird sofort in bar. Wir unterschreiben den Kaufvertrag, verabschieden uns und gehen – um ein dickes Bündel Geldscheine erleichtert, mit einem dubiosen Stück Papier in der Hand und mit einer unbändigen Aufbruchsstimmung in der Brust.

Schon am nächsten Tag hängt sich Ole ans Telefon und organisiert die Überführung vom Anleger in Geesthacht zu unserem neuen Liegeplatz in Hamburg-Harburg. Und schon beginnt, was eine lange Geschichte unvorhergesehener Hindernisse werden wird.

Ein Seepferdchen für unser Haus

Hurra – wir besitzen ein Hausboot! Na ja, einen Rumpf jedenfalls, auf dem mal unser Zuhause entstehen soll. Das Problem ist nur: Es liegt an einem schwer zugänglichen, völlig verwucherten Liegeplatz in Geesthacht, etwa eine halbe Autostunde von Hamburg entfernt. Dass wir in dem kleinen Hafen in Hamburg-Harburg daran bauen dürfen, also ein Stück die Elbe abwärts und am anderen Ufer der Elbe (die sich unterwegs übrigens auch noch teilt in Norder- und Süderelbe), ist ein Riesen-Glücksfall. Beide Orte sind auf dem Wasserweg zu erreichen – besser geht es ja gar nicht für ein Boot. Wie schwierig es tatsächlich werden würde, es von A nach B zu bekommen, hatten wir uns nicht vorstellen können. Zum Glück vielleicht – hätten wir es sonst gekauft? Oder hätten wir den ganzen Plan gleich entmutigt wieder fallen lassen?

Als Erstes erfahren wir durch diverse Internet-Recherchen und Telefonate: Um auf deutschen Binnengewässern unterwegs sein zu dürfen, braucht ein Boot ein Schwimmfähigkeitszeugnis. Technisch gesprochen: eine TÜV-Plakette. Oder auch: das Seepferdchen-Abzeichen für Boote. Okay, das dürfte kein Problem sein. Immerhin schwimmt es, das können wir sehen, also wird uns doch wohl jemand diesen Schrieb ausstellen. Ole hängt sich wieder ans Telefon, um einen solchen Gutachter zu organisieren. Doch als er endlich jemanden an der Strippe hat, der uns weiterhelfen könnte, wird es kompliziert:

Gutachter: »Und in welchem Hafen liegt das Schiff genau?«

Ole: »Es liegt in keinem Hafen, es liegt an einem privaten Anleger bei Geesthacht.«

Der Gutachter fragt noch mal nach: »Aber es liegt auf einem Trailer?« Er meint einen dieser Wagen, auf dem man Boote aufs Land zieht.

Ole: »Nein, es liegt im Wasser.«

Gutachter: »Damit ich Ihnen ein Gutachten erstellen kann, muss das Boot aus dem Wasser! Ich kann den Rumpf ja nicht unter Wasser begutachten!«

Wo er recht hat, hat er recht. Um ein solches Zeugnis zu bekommen, wird das Schiff in der Regel aus dem Wasser geholt, und dann wird mit einem Schallgerät die Schichtstärke des Rumpfs gemessen. Aber wie kriegen wir das 20 Tonnen schwere Boot dort, an diesem versumpften Anleger, aus dem Wasser? Eine Slipbahn (also ins Wasser führende »Schienen« oder Fahrbahnen zum Herausziehen) gibt es dort nicht, eine Werft schon gar nicht. Bleibt nur, das Boot mit einem Kran an Land zu heben, es begutachten zu lassen und dann – wieder mit dem Kran – ins Wasser zu lassen. Gesagt, getan. Oles Ohren laufen schon heiß vor lauter Hin- und Her-Telefoniererei. Als Nächstes hat er einen Kranführer am Apparat, der ihm erklärt, dass er eine Genehmigung braucht, wenn er auf dem besagten Grundstück kranen soll. Denn was wir bisher nicht wussten: Es liegt in einem Naturschutzgebiet. Und wie zu erwarten: Von den Behörden bekommen wir ein kategorisches »Nein«, als wir anfragen, ob wir das Boot dort kranen dürfen. Es über den Wasserweg in eine Werft zu »verholen«, wie Bootsfreaks sagen, ist aber auch nicht möglich, da wir ja kein Schwimmfähigkeitszeugnis haben, es also nicht bewegen dürfen. Die Quadratur des Kreises. Schon bevor wir anfangen können, sind wir zwischen Vorschriften und Behörden eingekeilt. Wobei wir durchaus zugeben, dass die entsprechenden Vorschriften sinnvoll sind. Dass man mit einem seit Jahren vor sich hin rostenden Kahn nicht einfach fröhlich die Elbe queren darf, leuchtet ebenso ein wie das Verbot, ein Naturschutzgebiet mit einem Kran zu ruinieren, der 20 Tonnen heben kann. Merke: Ein Boot ohne Schwimmfähigkeitszeugnis sollte nie in einem Naturschutzgebiet im Wasser liegen.

Schließlich finden wir tatsächlich einen Gutachter, der uns vor Ort ein Zeugnis ausstellen will, ohne dass das Boot aus dem Wasser muss. Zumindest ein Zeugnis für den Tag der Überführung. Er kommt, nimmt einen kleinen Stock vom Ufer, stochert damit ein bisschen im Rost herum und schaut sich ein paar Minuten lang skeptisch um. Dann aber die nächste Hürde: Weil er die Rumpfnummer (entspricht der Fahrgestellnummer beim Auto) nicht finden kann, verweigert er uns am Ende doch das Zeugnis. Es ist zum Aus-der-Haut-Fahren!

Was jetzt? Niedergeschmettert fahren wir zurück in den kleinen Hafen in Harburg, wo Björn, der holländische Hafenmeister und unser zukünftiger Liegeplatzvermieter, schon auf uns wartet: »Na, wann geht's los? Ich hab euch schon ein bisschen Platz auf dem Hof freigeräumt, wo ihr sie bearbeiten könnt!« Ole ist sichtlich genervt: »Hat nicht geklappt. Die blöde Rumpfnummer fehlt!« Björn kratzt sich nachdenklich am Bart. »Hmm, aber in dem Dokument, das ihr habt, steht sie? Dann komm mal mit!«, sagt er zu Ole, und die beiden verschwinden in seiner Werkstatt. Wenige Minuten später kommen sie, wie zwei kleine Jungs, die einen Streich aushecken, mit einem schelmischen Grinsen auf dem Gesicht und einem Satz Schlagbuchstaben wieder raus, setzen sich ins Auto und fahren zurück zum Boot.

Mit einer Art von kindlichem Trotz macht Ole eine

Stelle des Rumpfes blank und stanzt die Rumpfnummer einfach selbst ein. Mithilfe eines Schweißbrenners und ein bisschen Wasser trimmt er die Stelle wieder auf alt und schickt dem Gutachter ein Foto. Und siehe da: Gegen eine stattliche Gebühr von 500 Euro gibt uns der »Fachmann für Schiffsgutachten«, welcher mittels Wünschelrute die Stahldicke unseres Schiffsrumpfes bestimmen konnte, schließlich den ersehnten Stempel auf ein Dokument, das uns die Schwimmfähigkeit bescheinigt – diese aber keineswegs garantiert. Ob das Boot nicht trotzdem nach der nächsten Flussbiegung auf Grund läuft, kann uns niemand sagen. Eine Haftung übernehmen die Gutachter nicht für ihre Einschätzung. Das hätte mich nach dieser Begutachtung auch schwer gewundert. Im schlimmsten Fall, wenn es havariert, müssen wir also hoffen, dass die Haftpflichtversicherung für die Bergung von 20 Tonnen Stahl mitten aus der Elbe aufkommt – einem der meistbefahrenen Wasserwege Deutschlands.

Natürlich können wir trotzdem noch nicht einfach ablegen. Unser Schiff ist nicht motorisiert. Bevor es losgehen kann, brauchen wir noch einen Schlepper, der uns sicher über die Elbe bringt. Nach langem Stöbern im Internet und einigen Telefonaten stößt Ole auf einen kleinen Schlepperbetrieb, der bereit ist, uns von Geesthacht nach Harburg zu schleppen. Wie es der Zufall will, ist der Betreiber ein alter Bekannter seines Vaters, was uns sehr zugutekommt.

Aber natürlich lässt die nächste Überraschung nicht lange auf sich warten. Auf Nachfrage beim Wasser- und Schifffahrtsamt erfahren wir: Für die Überführung des Bootes brauchen wir noch eine »schifffahrtspolizeiliche Schleppgenehmigung«. Man sollte wohl lieber nicht zu viele Fragen stellen, sonst weckt man schlafende Hunde. Ein paar Antragsformalitäten und ein paar Euros später kann es dann doch endlich losgehen. Nun gibt es kein Zurück mehr. Unser Boot soll am Morgen des 11. August 2011 über die Elbe in den sicheren Hafen gebracht werden.

Leinen los!

Ich sehe den Schlepper langsam auf das von uns erstandene Wrack zukommen und bin schweißgebadet. Ich habe so richtig einen auf dicke Hose gemacht vor meiner Freundin. Wir haben uns Geld geliehen für das Hausboot-Projekt, für unsere Verhältnisse sogar sehr viel. Und was ist, wenn die ganze Sache doch nicht so klappt, wie ich denke? Okay, weg mit diesen Gedanken! Vor Jill immer cool bleiben, das ist meine wichtigste Aufgabe. Und ich habe versucht, jeden denkbaren Notfall einzuplanen. An Bord sind zwei Anker, Rettungsringe, Feuerlöscher, ein Notstromaggregat – und alle Pumpen, die ich auftreiben konnte. Der Rumpf hat viele feuchte Stellen; sie sind im rostigen Staub des Rumpfinneren deutlich zu sehen. Was man aber nicht erkennen kann: Kommt das Wasser vom Regen, also von oben, oder ist der Rumpf undicht? Ich gucke zu meinem Vater rüber, dem erfahrenen Kapitän, meinem Mentor und meinem engsten Vertrauten in Handwerksdingen. Ich glaube, es geht ihm genauso wie mir: Er hat eigentlich die Hose voll, bemüht sich aber, möglichst cool zu gucken und seine Befürchtungen mit sarkastischen Bemerkungen herunterzuspielen, um die angespannte Situation zu beruhigen.

Längsseits am Hausboot liegt noch ein kleiner Schärenkreuzer, das neue Projekt des Hausboot-Vorbesitzers. Darauf will er demnächst zusammen mit seinen drei Hunden die Welt umsegeln. Ich lasse das mal lieber unkommentiert. Als der Kreuzer weg ist, macht der Schlepper – eigentlich ist es ein Schubboot mit zwei Schrauben, mit denen er theoretisch »den Pott auf dem Teller drehen«, also auf der Stelle drehen kann – am Heck unseres Schiffs fest. Mein Vater und ich sind beide zur See gefahren, wir wissen also, was zu tun ist, und reagieren automatisch auf die Kommandos. Routiniert und gelassen machen der Schlepperkapitän und sein Enkel, den er als Matrosen mit an Bord hat, ihren Job. Und dann das Kommando »Leinen los!«. Es gab wenige Momente in meinem Leben, in denen ich als bekennender Atheist mal nach oben geguckt habe. Dies ist definitiv einer davon.

Das Ablegemanöver läuft wie aus dem Lehrbuch. Beim letzten Blick zurück sehen wir den Vorbesitzer, wie er leicht überfordert versucht, seinen Schärenkreuzer wieder zu vertäuen ... Der erste Halt kommt nach nicht mal zehn Minuten, an der Schleuse in Geesthacht. Bisher läuft alles nach Plan, und wir können kurz durchatmen, als wir in der Schleuse festmachen. Während das Wasser im Schleusenbecken aufläuft, nutze ich die kurze wind- und wellenfreie Phase für einen Kontrollgang. Bilde ich es mir ein oder werden die Pfützen tatsächlich größer? Bevor ich dem genauer auf den Grund (!) gehen kann, geht es auch schon weiter. Bis Harburg liegen jetzt ca. 30 km flussabwärts vor uns. Wir fahren mit voller Kraft mit dem Strom und gegen den Wind. Der ja ganz munter sein kann, wenn er, wie jetzt, von Westen kommt. Es haben sich kleine Wellen aufgebaut, eigentlich mickrig. Mit einer Segeljolle hätten sie mir Spaß gemacht, aber mit der großen, rostigen Schute bekomme ich jetzt meine ersten kleinen Panikattacken. Da der Rumpf einen fünf Meter breiten, platten Boden statt eines Kiels hat, wirken die Wellen wie ein großflächiger Gummihammer. Sie erzeugen nicht nur ein gruseliges Geräusch, das durch den riesigen Resonanzkörper noch verstärkt wird, sondern lösen auch noch ganze Rostplacken. Und ich kann sehen, dass es tatsächlich immer mehr feuchte Stellen werden. Es blubbert überall, und ich sehe, wie sich stellenweise große Pfützen im Bootsinneren bilden. Logische Schlussfolgerung also: Es handelte sich nicht um Regenwasser … Nach mehreren besorgten Nachfragen meinerseits beim Schlepperkapitän reduzieren wir dann doch die Geschwindigkeit. Mein Vater bleibt irgendwie entspannter. Er hat ein leicht verwegenes Schmunzeln aufgesetzt, und ich kann ihn nicht deuten. Das ist selten, aber irgendwie auch beruhigend. Denn gäbe es ein ernstes Problem, hätte er schon längst gehandelt. Im Nachhinein glaube ich, er wollte meine Selbstständigkeit ein wenig auf die Probe stellen. »Was machen wir denn, wenn das Wasser noch mehr reinsprudelt? Wollen wir nicht lieber ans Ufer und den Rumpf irgendwie provisorisch abdichten?«, frage ich ihn. Seine Antwort ist typisch: »Ach was! Wenn's sprudelt, Hose runter und mit dem Hintern auf die Leckage setzen.« Witzig. Sarkasmus und Galgenhumor, das können wir beide gut austeilen, aber überhaupt nicht einstecken. Entsprechend genervt bin ich, dass er mich nicht ernst nimmt. Zugleich muss ich an ein Buch denken, das ich als Junge gelesen hatte. Es handelt von einem Matrosen in der Nachkriegszeit, der ein Leck im Schiffsrumpf mit einer Schweineschwarte abdichtet. So abwegig ist der Gedanke mit dem Hintern also gar nicht. Vorsichtshalber verteile ich schon mal die Pumpen und versuche mich selbst zu beruhigen. Das Wasser wird nur sehr langsam mehr, und in der Aufregung merke ich gar nicht, dass wir schon über die Hälfte der Strecke geschafft haben.

Trotzdem: Als wir endlich in die Schleuse zum Harburger Binnenhafen fahren, fällt mir ein Stein vom Herzen. Während der Fahrt habe ich unseren Hafenmeister schon telefonisch gebeten, schnellstmöglich einen Kran zu organisieren. Er soll am nächsten Morgen in aller Frühe bereitstehen. Die Einfahrt in die Harburger Schleuse läuft reibungslos ab. Als wir dann – endlich wieder auf ruhigerem Gewässer – in Harburg festmachen und der halbe Hafen uns in Empfang nimmt, merke ich, wie die Anspannung von mir abfällt. Aber da wir den Schlepper bezahlen müssen, bis er wieder an seinem Heimatliegeplatz festgemacht hat, versuche ich unauffällig, ihn schnellstmöglich loszuwerden. Und als er dann endlich weg ist, müssen die Vorbereitungen für den Kran getroffen werden. Langsam wird mir klar: Mir steht eine anstrengende Zeit bevor. Hoffentlich habe ich mich nicht überschätzt.

20 Tonnen können fliegen

Am nächsten Morgen steht Ole um fünf Uhr in der Früh auf dem Hof. Er hat kaum geschlafen. Wegen einer Mischung aus Sorge und Tatendrang steht er seit Tagen unter Strom. Weil er nämlich tatsächlich glaubt, alle Last selbst tragen zu müssen. Dabei wünsche ich mir, dass er auch mal offen zugibt, wenn er nicht weiterweiß oder Schiss hat oder sich unsicher ist.

Bevor der Kran kommt, muss er noch den Platz freiräumen und Holztürme aufeinanderstapeln, auf denen das Boot nachher abgelegt werden kann. Kaum ist die Sonne aufgegangen, ruft auch schon jemand von der Straße herunter, dass der Kran da sei. Die Einfahrt zu dem kleinen Hafen ist sehr schmal. Als sich der riesige Kran Zentimeter für Zentimeter durch die Lücke zwischen der Halle und dem Wohnhaus der Hafenbetreiber schiebt, ist auf beiden Seiten vielleicht noch eine Handbreit Platz. Allein die Einweisung, bis der Kran auf dem Hof steht, dauert gefühlt eine Ewigkeit. Ein paar Freunde und ich beobachten das Spektakel von der Halle aus, wo wir eine große Frühstückstafel für alle aufgebaut haben.

Die Stimmung ist irgendwo zwischen freudiger Aufregung und nervöser Unruhe. Rein äußerlich merkt man Ole nicht die geringste Anspannung an. Aber ich kann mir vorstellen, wie es in ihm aussieht. Erst wenn das Boot aus dem Wasser ist, können wir tatsächlich sehen, was wir da eigentlich gekauft haben. Wie wird der Rumpf von unten aussehen? Wie viel Arbeit muss noch investiert werden, um erst mal die Basis instand zu setzen, bevor es an den eigentlichen Aufbau geht? Was, wenn er sich verkalkuliert hat und nichts mehr zu retten ist?

Ein paar Helfer und Neugierige stehen um den Kran herum und warten auf Anweisungen von Ole, dem Kranführer und dem Hafenmeister. Bei dem Gedanken, dass dieser 20 Tonnen schwere Koloss gleich an zwei Schlingen durch die Luft schwebt, wird mir ganz schlecht. Was, wenn der Rumpf den Belastungen nicht standhält? Kann so ein Schiff eigentlich einfach in der Mitte durchbrechen?

Vorsichtig werden die beiden Schlingen unter dem Rumpf platziert. Ich habe keine Ahnung, was genau die Männer da auf dem Dach des Hausbootes machen, aber es fühlt sich an, als dauere es ewig. Als alle Leinen platziert und jeder auf seiner Position ist, geht es los. Plötzlich wird der Ton der Kommandos schärfer. Alle Unterhaltungen verstummen. Man könnte eine Stricknadel fallen hören, als die 20 Tonnen langsam abheben. Ole ist konzentriert, läuft von A nach B und kontrolliert noch mal den Sitz der Schlingen. Er gibt ein Zeichen, und schon schwenkt der Kran langsam herum. Unser Traum schwebt tropfend über unsere Köpfe hinweg, und wir können einen ersten Blick auf den grün bewachsenen Boden erhaschen. Ich weiß nicht genau, was ich erwartet hatte, aber es sieht weniger schlimm aus, als ich dachte. Zentimeter für Zentimeter lässt der Kranführer das Boot auf die vorbereiteten Holzstapel herab. Auf Oles kurze scharfe Kommandos ziehen diverse Helfer an den Führungsleinen, die am Rumpf befestigt wurden und dazu dienen, das Boot auszurichten. Ole und der Hafenmeister geben dem Kranführer Anweisungen. Ich bin schwer beeindruckt davon, wie man ein so großes Gerät auf den Millimeter genau steuern kann. Und dann endlich lässt die Spannung in den Schlingen nach. Es steht! Alles ist gut gegangen. Ole will am liebsten sofort mit der Arbeit anfangen. Er schnappt sich einen Hochdruckreiniger und beginnt, das Innere und Äußere des Stahlrumpfs vom gröbsten Dreck zu befreien.

Wir sind erleichtert und voller Tatendrang. Aber wir sind auch fix und fertig. Die letzten Tage (und Nächte) standen wir wirklich unter extremer Anspannung. Und jetzt, da alles gut gegangen ist, merke ich, wie die Müdigkeit mich übermannt. Die Helfer verabschieden sich nach und nach, und langsam kehrt Ruhe ein. Außer uns ist niemand mehr da.

Und dann bricht aus dem Nichts das Chaos über uns herein: Mit Blaulicht fahren drei Peterwagen der Wasserschutzpolizei auf den Hof und halten mit quietschenden Reifen vor unserem Wrack. Mehrere Uniformierte steigen aus, keiner spricht uns an, alles verteilt sich auf dem Steg und auf dem Gelände. 12 Mann schauen sich das Wasser und vor allem das Schmutzwasser an, das von unserem Rumpf ins Hafenbecken sickert. Ole erwacht als Erster aus der Schockstarre und wendet sich an einen der Polizisten. »Ähm, Entschuldigung. Dürfte ich fragen, was hier los ist?« – »Wir haben einen anonymen Anruf bekommen, dass hier Öl ins Wasser geleitet wird!«, antwortet der Beamte. Oles Antwort kommt prompt und vielleicht einen Tick zu patzig: »So ein Quatsch! Unser Boot hat nicht mal einen Motor. Ziemlich unwahrscheinlich, dass da irgendwo Öl rauskommt.« Die Beamten schauen sich alles genau an, müssen aber schnell feststellen, dass außer Muscheln und ein bisschen Rost nichts unter dem Rumpf zu finden ist. Wir haben extra eine Sperre ausgebreitet, die die Feststoffe davon abhalten soll, ins Hafenbecken zu fließen. Nur das Wasser des Hochdruckreinigers sickert ins Hafenbecken – dreckig natürlich, aber selbstverständlich ohne Öl. Unverrichteter Dinge fährt die Polizei wieder ab. »Das war nicht das erste Mal, dass die wegen irgendwelcher angeblicher

Umweltverstöße bei uns auftauchen!«, erzählt uns Björn, der Hafenmeister. »Unser Nachbar steht regelmäßig hinter der Hecke und ruft wegen jedem Mist die Bullen, damit uns hier der Laden zugemacht wird. Den stören der Lärm und der Geruch, wenn hier gearbeitet wird. Einmal hat er sogar versucht, uns wegen Körperverletzung zu verklagen, weil er der Meinung war, er sei durch die Dämpfe krank geworden, die zu ihm rüberziehen! Aber ganz ehrlich, das ist nun mal ein Hafen, und das nicht erst seit gestern. Wenn der seine Ruhe haben will, muss er in eine reine Wohngegend umziehen.«

Irgendwie tut der Nachbar mir sogar ein bisschen leid. Vermutlich kann er sich einen Umzug nicht leisten, und neben so einem Betrieb zu wohnen, in dem tagtäglich auf Stahl gehämmert und mit Lack hantiert wird, ist bestimmt nicht besonders idyllisch. Trotzdem: Den berühmten Streit um den »Maschendrahtzaun« oder die »schwäbische Kehrwoche« kennen wir beide zur Genüge aus unserer Kindheit. Ob zwischen Mieter und Vermieter, wie in meiner Familie, oder zwischen Grundstückseignern, wie bei Ole daheim. Genau solche Nachbarschaftsstreits, Bespitzelungen und Denunziationen sind der Grund, weshalb ein Leben in einer Reihenhaussiedlung oder einem Mehrfamilienhaus für uns nicht mehr infrage kommt. Das wird uns gerade erst richtig klar.

Umso motivierter machen wir uns also wieder an die Arbeit, um unsere Alternative zu diesem Leben Wirklichkeit werden zu lassen. Loser Rost, Muscheln und der grüne Bewuchs lösen sich schnell. Danach ist der Rumpf gut 30 Zentimeter hoch gefüllt mit einer rostigen Suppe. Da wir sowieso vorhaben, die Stahldicke an verschiedenen Stellen zu messen, bohrt Ole kurzerhand überall Löcher in den Rumpf und lässt so einen Großteil des Wassers ab. Den Rest erledigen wir mit unserem »R2D2«, einem

Nasssauger – unsere erste wirklich sinnvolle Investition bei diesem Unterfangen. Was übrig bleibt ist das, was uns die nächsten Wochen beschäftigen wird: Tag für Tag wird Ole schonungslos jeden Zentimeter Rost abklopfen. Wer schon einmal eine Druckluft-Nadelpistole in der Hand gehalten hat, weiß, was das für Ohren, Armmuskulatur und Nerven bedeutet. Der arme Nachbar.

Die erste große Belastungsprobe

Als wir anfangen, an unserem Traum herumzuklopfen, alte Dachpappe abzureißen und eimerweise Schutt ans Tageslicht zu befördern, sind Ole und ich gerade 26 Jahre alt und seit ungefähr zwei Jahren zusammen. In diesen zwei Jahren haben wir in insgesamt sechs verschiedenen Wohnungen in drei verschiedenen Städten gewohnt. Und während ich zuerst an meiner Bachelorarbeit in Bremen und dann an meiner Masterarbeit in Hannover saß, hat Ole – nach seiner Ausbildung zum Schiffsmechaniker und zwei abgebrochenen Studiengängen – in den unterschiedlichsten Bereichen gearbeitet. Vom Hausmeisterjob über den Messe- und Ladenbau bis zum Bootsbau hat ihn seine Findungsphase gebracht. Und am Ende hat sie uns hierhergeführt, in diesen kleinen Hafen und zu diesem Projekt.

Einen normalen Alltag mit geregelten Arbeitszeiten und den eigenen vier Wänden kennen wir nicht. Wenn man es so betrachtet, ist es für uns also gar keine so große Umstellung oder Einschränkung, fürs Erste auf ein richtiges Dach über dem Kopf und einen Ort für unsere Siebensachen zu verzichten. Viel haben wir ohnehin nicht. Während der Bauphase wohnen wir den Großteil der Zeit in unserem Bulli.

Den damals schrottreifen VW-Bus haben wir uns im letzten Sommer gekauft, ihn auseinandergenommen und von Grund auf erneuert. Die 500 Euro, die wir dafür zusammenkratzten, waren für uns Studenten so unvorstellbar viel Geld, dass wir tatsächlich Fotos davon machten, wie wir in den zusammengesparten Geldscheinen auf dem Bett »badeten«, bevor wir losfuhren, um sie gegen den Bus einzutauschen. Wir liehen uns das Auto von Oles Eltern und fuhren in einen kleinen Ort irgendwo im Ruhrpott. In einem abgelegenen Waldstück stand er: giftgrün, verrostet und mit gebrochener Vorderachse. Weiß der Kuckuck, weshalb wir bereit waren, dafür Geld auszugeben. Wir hatten das Schweißgerät von Oles Vater im Kofferraum, und so begann Ole, vor Ort die Achse zu schweißen, während ich mich im Nachbarort um ein Überführungskennzeichen kümmerte. Ich muss gestehen: Ich war froh, dass ich den langen Rückweg im sicheren Volvo meiner Schwiegereltern in spe antreten durfte. Für Ole wurde der Rückweg ein kleines Abenteuer. In einer Baustelle, mitten auf der Autobahn, ging plötzlich der Motor aus. Nichts ging mehr. Im Dunkeln rollte er durch die blinkenden Baustellenabsperrungen und suchte leicht panisch nach der Ursache. Nach einigen Sekunden bemerkte er, dass er wohl mit dem Knie gegen den Zündschlüssel gekommen war.

In den darauffolgenden Wochen verbrachten wir jede freie Minute damit, den Bus auf Vordermann zu bringen. Hier lernte ich zum ersten Mal Oles handwerklichen Ehrgeiz kennen und bekam einen kleinen Vorgeschmack, wie mein Leben aussehen würde, wenn ich mich dafür entscheiden sollte, es dauerhaft mit ihm zu teilen.

In diesem ersten gemeinsamen Projekt wohnen wir jedenfalls in diesem Sommer, während der ersten Bauphase. Mit uns wohnt dort auch unsere Mischlingshündin Yola, die wir als Welpen zu uns genommen haben und die all die WG-Stationen und Umzüge bisher gut mitgemacht hat.

Schnell merke ich, dass mir bei vielen Arbeiten einfach die Kraft fehlt, um lange durchzuhalten. Entrosten mit der Nadelpistole halte ich höchstens zehn Minuten lang durch, dann zittere ich am ganzen Körper und habe gerade mal eine Fläche so groß wie meine Hand geschafft. Bei dem Tempo wären wir Weihnachten noch nicht mit dem Rumpf fertig. Also konzentriere ich mich auf das, was ich einigermaßen gut kann: Aufräumen und Abreißen. Während es an Ole ist, die harte Arbeit am Rumpf durchzuziehen, schleppe ich Eimer für Eimer Dreck, Schutt und Rost aus dem Rumpf.

Da Abreißen auch Spaß machen kann und wir zu zweit einfach nicht schnell genug sind, organisieren wir fürs Wochenende eine Abrissparty. Wir kaufen Grillgut und Bier und laden Freunde zum Arbeitseinsatz ein. Mein Vater kommt zufällig auch aus Stuttgart zu Besuch und weiß von nichts. Ich weiß nicht, warum ich ihm bisher nichts von unserem Vorhaben erzählt habe. Vielleicht fand ich den Gedanken, ein Hausboot zu bauen, um darin zu leben, anfangs selbst so absurd, dass ich nicht wusste, wie ich unser Projekt gut »verkaufen« sollte. Meine Eltern haben mich immer in dem unterstützt, was ich tun wollte, und haben darauf vertraut, dass ich das Richtige für mich wähle. Selbst wenn ich jetzt alles hinschmeißen und meinem Vater offenbaren würde, dass mein Studium eine Fehlentscheidung war, würde er noch sagen, dass das Wichtigste doch sei, dass ich das herausgefunden habe. Man könnte denken, dass es ihm als erfolgreichem Geschäftsmann wichtig ist, dass seine Töchter »gut situierte« Männer mit sicheren Jobs an ihrer Seite haben – also etwas ganz anderes als das, was Ole (zumindest momentan) verkörpert. Und trotzdem liebt mein Vater ihn. Als ich ihn fragte, ob es ihm etwas ausmache, dass Ole das Studium abbricht und nicht weiß, was er künftig tun wird, sagte er: »Wieso? Wir haben unsere Töchter zur Selbstständigkeit erzogen. Der Job ihrer Männer sollte es sein, sie glücklich zu machen, nicht sie zu unterhalten!« Und obwohl ich weiß, dass er so ist und dass er mir keine Standpauke halten wird, hatte ich irgendwie Angst, ihm zu beichten, was für ein Wahnsinnsprojekt wir hier gerade gestartet haben. Ich glaube, wie die meisten Kinder möchte ich einfach, dass Papa stolz auf mich ist und mich nicht für eine Spinnerin hält, die irgendeine »Hippiephase« durchläuft.

Als er am späten Abend ankommt, sitzen wir bereits alle ums Lagerfeuer herum, und ich reiche ihm erst mal ein Bier und lasse ihn ankommen. Die Frage, warum wir uns in diesem kleinen Hafen treffen, hat er gar nicht erst gestellt. Daran, dass meine Wohnsituation, nennen wir es: unbeständig ist, hat er sich in den letzten Jahren wohl gewöhnt. »Papa, ich muss dir was beichten!«, bringe ich endlich hervor, nachdem er sich hingesetzt hat und sich kurz von der langen Autofahrt erholen konnte. »Oje, was kommt denn jetzt?«, fragt er mit einem gespielt beunruhigten Unterton. Kaum etwas kann meinen Vater wirklich aus der Fassung bringen. Ich nehme ihn bei der Hand und führe ihn aus dem Schein des Lagerfeuers heraus zu dem riesigen Ungetüm, das da im Dunkeln unter einer weißen Plane verborgen liegt. Ich hebe die Plane und klettere die Leiter hoch. Als ich mich umdrehe, sehe ich, wie er etwas verdutzt sein Bier abstellt und mir folgt. Ich schalte den Baustrahler an, den wir zum Arbeiten im Dunkeln aufgestellt haben. Gott sei Dank sind wenigstens all der Schutt und der Gestank mittlerweile beseitigt. Was er nun im Schein des Strahlers zu sehen bekommt, ist eine etwa 20 Meter lange und 5 Meter breite Fläche nackter Schiffsrumpf und drum herum eine abrissreife Holzfassade und ein einsturzgefährdetes Dach. »Ole und ich bauen ein Hausboot!«, platzt es aus mir heraus. »Hierdrauf wollen wir wohnen! Was hältst du davon?«

Einen kurzen Moment lang glaube ich, dass er mich auslacht. Das wäre noch schlimmer für mich, als wenn er mir eine Predigt halten würde! Wenn er uns nicht ernst nimmt und unser Vorhaben belächelt. Aber dann merke ich, er lacht aus einem anderen Grund. »Das kann unmöglich deine Idee gewesen sein! Du, die immer auf Sicherheit bedacht ist! Seit du Ole kennst, traust du dich auch mal, Verrücktes auszuprobieren und spontan von deinen Plänen abzuweichen. Find ich großartig. Dieser Mann tut dir nur gut!«

Ich bin sehr erleichtert, dass ich meinen Vater nun auf meiner Seite weiß. In dieser Nacht kann ich endlich mal wieder ruhig durchschlafen und am nächsten Morgen mit neuer Kraft mit anpacken, als wir gemeinsam mit unseren Freunden die alte Hütte abreißen. Wir ziehen die alten Fassadenteile zu Boden, zersägen sie auf Kamingröße und stapeln sie auf Paletten, um sie später als Brennholz zu nutzen. Zwei ganze Winter werden wir tatsächlich damit über die Runden kommen, ohne Brennmaterial dazukaufen zu müssen. So hatte die alte Hütte doch noch ihr Gutes.

Obwohl wenigstens eine Handvoll Leute zum Helfen gekommen ist, ist Ole enttäuscht. Er hatte erwartet, mehr Leute von unserem Projekt begeistern zu können. »Für das Geld, das wir für Bier und Grillgut ausgegeben haben, hätten wir auch Arbeiter bezahlen können!«, zieht er nach dem Wochenende etwas verbittert Bilanz. Für Ole, der immer sofort zur Stelle ist, wenn jemand umzieht oder handwerkliche Hilfe benötigt, ist es einfach unverständlich, dass nicht jeder Spaß daran hat, seine Freizeit mit solchen Projekten zu verbringen.

Für mich war es trotzdem ein gelungenes, wenn auch zugegebenermaßen etwas teures Unternehmen: Wir hatten Spaß, und was am Ende übrig bleibt, ist der nackte Rumpf und der Teil des Fachwerks, den wir versuchen wollen zu erhalten. Nun gibt es wirklich kein Zurück mehr. Nicht nur, weil wir jetzt schon zu viel Zeit, Geld und Arbeit investiert haben, sondern vor allem auch deshalb, weil sich bei uns beiden Schritt für Schritt die Vorstellung konkretisiert, wie unser Leben wohl in ein paar Monaten aussehen könnte. Andere träumen ja jahrelang davon – aber für uns ist dieser Traum vom Hausbootleben noch ganz neu, und wir sind schon mitten in der Realisierung. Jetzt haben wir Blut geleckt. Mittlerweile haben wir uns natürlich Bilder angesehen und Berichte gelesen – und wir können es kaum mehr erwarten, bald auf unserer Terrasse zu sitzen und die Füße überm Wasser baumeln zu lassen. Ständig das sanfte Schaukeln und die Nähe des Flusses zu spüren. Doch noch ist das weit weg.

Die große Frage ist jetzt: Wie dick ist der Stahl noch an den verschiedenen Stellen? Und muss viel vom Rumpf erneuert werden? Mit einem Bohrer bohrt Ole überall, wo Rostfraß zu sehen ist, kleine Löcher in den Rumpf und misst die Dicke des Stahls. Neben die Löcher schreibt er mit Kreide kleine Zahlen. Alles was weniger als zwei Millimeter dick ist, schneidet er später schonungslos und großzügig heraus. Mich trifft im ersten Moment ein Schock, als ich eines Tages über die Leiter in den Rumpf klettere und all die großen rechteckigen Löcher im Boden sehe. Irgendwie kann ich mir nicht vorstellen, dass ein Boot mit so vielen Löchern im Boden je wieder schwimmen soll. Aber Ole ist guter Dinge. Noch – denn was als Nächstes kommt, wird ihn an den Rand der Verzweiflung bringen.

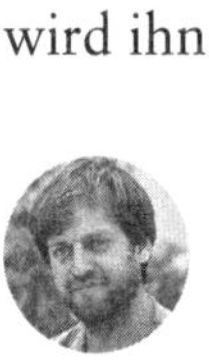

Direkt nach der Schule bin ich aufs Schiff gegangen. Meine Ausbildung zum Schiffsmechaniker sollte die Grundlage für eine Karriere in der Schifffahrt sein. Mein Job an Bord war es unter anderem, das Schiff in Schuss zu halten. Das heißt entrosten, schweißen, malen. Offiziell habe ich während der Ausbildung nur einen Schweißkurs gemacht. Alle sicherheitsrelevanten

Schweißarbeiten durfte ich theoretisch gar nicht machen, deshalb unterschrieb immer ein qualifizierter Kollege, dass er diese Arbeiten erledigt habe. Wenn man so viele Quadratmeter Rost mit Hammer, Druckluft-Nagelmaschine und Drahtbürste bearbeitet hat, weiß man ganz gut, wo man hinhauen muss, um wirklich alles zu entfernen. Die Arbeit ist mühselig, aber notwendig. Auf einem Seeschiff ist sie sehr frustrierend. Wenn man gerade hinten angekommen ist, ist das Schiff am Bug schon wieder verrostet und man beginnt von vorne. Das hängt mit dem hohen Salzgehalt des Wassers und der Luft zusammen.

Unser Rumpf lässt sich erstaunlich gut entrosten. Ich benutze für den ersten groben Durchgang einen großen Hochdruckreiniger mit Heißwasser. Die Roststückchen fliegen nur so durch die Luft. Anschließend bearbeite ich die Stellen noch mit einem luftdruckbetriebenen Rostnagler und einem Rosthammer. Es dauert nur ein paar Tage, bis alles ausreichend entrostet ist. Die schlimmsten Stellen, an denen man erkennen kann, dass das Stahlblech nicht mehr dick genug ist, schneide ich direkt mit dem Plasmaschneider heraus. Manchmal ist das löchrige Stück Blech, das ich heraustrenne, kaum stärker als ein Blatt Papier.

Der Rumpf ist zum Schweißen vorbereitet, und der frische Stahl liegt schon auf dem Hof bereit – passend zugeschnitten für die offenen Stellen. Die Nachbarfirma hat mir die Bleche mit einer großen Stahlschere so zurechtgeschnitten, wie ich sie brauche. Unser Hafenmeister hat eine professionell ausgestattete Schweißerei, und ich darf alles benutzen. Was für ein Luxus! Solche Schweißgeräte oder gar einen Plasmaschneider habe ich bisher noch nie benutzt. Das wird ein Klacks, denke ich mir.

Aber schon kurz nach dem Anheften der ersten Stahlbleche merke ich, dass irgendetwas anders ist. Ich bekomme keine saubere Schweißnaht hin. Es bilden sich zentimeterlange Würste auf der Schweißnaht, sie gast aus. Ich wechsele die Einstellungen des Schweißgerätes, tausche den Schweißdraht gegen hochwertigeren, nehme anderes Schweißgas, aber nichts hilft. Dann probiere ich es mit einem Elektrodenschweißgerät. Auch nicht besser. Es ist zum Verzweifeln! Mein Körper ist mittlerweile übersät von Brandbläschen – überall dort, wo die Schweißkügelchen auf mir gelandet sind. Anfangs zucke ich durch das Brennen noch zusammen und versuche eine Position zu finden, in der die glühenden Kügelchen mich nicht erwischen können, aber irgendwann stelle ich fest, dass es am besten ist, mich nicht zu bewegen und den Schmerz einfach auszuhalten. Denn immer, wenn ich mich bewege, wandern die heißen Stahlkügelchen weiter, was besonders tückisch ist, wenn sich eines in den Schuh verirrt hat.

Ich finde keine Lösung für das Schweißproblem. (Heute weiß ich, dass der hohe Kohlenstoffanteil des alten Stahls schuld war.) Aber es hilft alles nichts, es muss weitergehen. Stetig weniger motiviert, schweiße ich erst mal weiter. Jedes Mal, wenn es ausgast, schleife ich es wieder runter und beginne von vorne. Als ich endlich mit den Nähten fertig bin, muss ich nur noch die vielen Löcher für die Dicken-Messung wieder zuschweißen und die Nähte zusätzlich mit einer Dichtmasse versiegeln. Die Aktion hat mich sehr viel Kraft gekostet, und auch die Euphorie ist kurzzeitig dahin.

Um festzustellen, ob die ganze Arbeit überhaupt erfolgreich war, muss ich den Rumpf von innen fluten. Wenn kein Wasser rauskommt, dann kommt – zumindest theoretisch – auch kein Wasser rein. Und tatsächlich: Es bilden sich keine Tropfen außen am Rumpf. Es scheint also, als könne man die erste Etappe als erfolgreich bezeichnen. Und wie nach jeder Etappe macht es mir Hoffnung, dass ja jetzt der nette Teil der Arbeit beginnt. Das rede ich mir jedenfalls immer ein.

Es gibt diese Momente, da glaubt man, dass alles um einen herum düster wird. Und tatsächlich zieht eines Tages ein Gewitter auf. Der Himmel wird immer dunkler. Das Hausboot ist mit einer großen Plane abgedeckt. Damit die nicht einfach wegfliegt, ist sie an den Seiten mit mehreren 20 Kilo schweren Betonklötzen beschwert. Dicke Taue sind über die Plane gespannt, um ein Aufbäumen zu verhindern. Doch der Wind wird immer stärker. Wir versuchen noch, die Plane zu sichern. Schnell erkennen wir aber, dass wir machtlos sind, und entscheiden uns, der Natur freien Lauf zu lassen und uns lieber in Sicherheit zu bringen. Wir rennen weg und sehen Sekunden später aus sicherer Entfernung, wie die Plane sich losreißt und die Betonklötze meterhoch in die Luft geschleudert werden. Überall auf dem Hof schlagen die Steine auf. Wie durch ein Wunder wird niemand verletzt, und es entstehen keine größeren Schäden. Das ist noch mal gut gegangen. Aber es war auch eine Warnung. Denn der erste große Herbststurm hat uns mehr als deutlich vor Augen geführt: Uns läuft die Zeit davon.

Oles Stimmung ist am Tiefpunkt angelangt. Die Arbeiten am Rumpf ziehen sich schon viel länger hin, als er es geplant hatte. Eigentlich wollten wir schon längst mit dem Hausbau angefangen haben. Mittlerweile ist es Herbst geworden, die Nächte werden frischer, und wir sind in das neun Quadratmeter große Büro des Hafenmeisterpärchens umgezogen, inklusive Hund. Die Zeit drängt, wir wollen niemandem zur Last fallen, und außerdem leben wir zum Großteil von dem geliehenen Geld. Je länger Ole mit dem Bau beschäftigt ist, desto länger kann er nichts anderes arbeiten und desto schneller ist das Geld für die Materialien aufgebraucht. Der Zeitdruck und das Leben auf engstem Raum machen sich auch in unserer Beziehung bemerkbar. Die erste große Belastungsprobe.

Nur noch wenige Wochen, und ein Hausbau wird für eine Person allein lebensgefährlich. Abgesehen von unserer Wohnsituation: Wie soll Ole bei Eis und Schnee allein ein Dach decken? Wenn die Temperatur unter fünf Grad fällt, können wir nicht mehr malern, weil die Farbe dann unbrauchbar wird. Es gibt etliche Gründe, weshalb das Haus noch vor dem Wintereinbruch stehen muss. Und es fühlt sich an, als stünde er bereits vor der Tür.

Björn bemerkt Oles Verzweiflung und bietet an, beim Lackieren des Rumpfs zu helfen. Er hat eine Airless-Lackiermaschine. Damit wird alles sehr viel schneller gehen und auch noch besser aussehen, als wenn wir die Farbe rollen. Wir sind dankbar für sein Hilfsangebot. Mit seiner Expertise und seinen Connections will er auch die Schiffsfarbe beschaffen. Aber wir sind schockiert, wie teuer die Farbe ist. Wir haben ein bestimmtes Budget, und das muss zumindest so weit reichen, dass wir es am Ende warm und trocken haben. Beim Thema Design müssen wir also sparen. Das helle Grau, das unser Rumpf nun erhält, wäre zwar nicht meine erste Wahl gewesen, wenn ich es mir hätte aussuchen können, aber zumindest wird es schon sehr viel schicker und gepflegter aussehen als vorher. Ole mischt die zwei Komponenten, die Farbe und den Härter plus Verdünnung, und Björn lackiert mit seiner Maschine. Alles geht rasend schnell. Endlich mal eine Arbeit, bei der man sofort den Effekt zu sehen bekommt! In Oles Augen und seinem Lächeln sehe ich einen neuen Hoffnungsschimmer. Ich glaube, es tut ihm schon gut, dass er mal jemanden zum Reden hat beim Arbeiten und nicht immer nur allein ist. Plötzlich gibt Björn uns ein Zeichen, leise zu sein, und schleicht sich von der Seite an die Hecke hinter unserem Boot. Mit einem »Buh!« springt er hinter einem Baum hervor – und erst jetzt sehen wir, dass sich da jemand hinter der Hecke versteckt hatte. Laut fluchend verschwindet der

Nachbar. Björn ist stinksauer. »Der hat schon wieder gespitzelt! Hatte 'ne Kamera in der Hand! Ist bestimmt nur eine Frage der Zeit, dass die Bullen hier wieder vor der Tür stehen!«

Und es stimmt tatsächlich. Diesmal kündigt sich die Polizei jedoch an. Sie hätten einen anonymen Hinweis bekommen, dass hier illegal mit Maschinen gearbeitet werde, für die geschlossene Systeme mit Filteranlage vorgeschrieben seien. Björn und Ole sind verunsichert. Was, wenn das stimmt? Vielleicht darf man die Lackiermaschine tatsächlich nur in einer Werkstatt mit Abluftsystem nutzen? Aus Angst vor einer kostspieligen Strafanzeige, die wir uns im Moment einfach nicht leisten könnten, verstecken wir die Lackiermaschine in unserem VW-Bus und fahren sie vom Hof. Kurze Zeit später kommt die Polizei, diesmal etwas bescheidener, nur mit einem Streifenwagen, auf den Hof gefahren. Der Beamte zeigt uns ein Foto von der Lackiermaschine, welches ganz offensichtlich aus dem Versteck hinter der Hecke aufgenommen wurde. »Wenn das eine Airless-Maschine ist, also ohne Luft, dann dürfen Sie damit bis zu 10 Tonnen im Jahr an Lösungsmittel verarbeiten.« – »Ach so!«, antwortet Björn. »Das erreichen wir ja nie! Ole, hol das Ding mal her!« Ole holt den Bus und zeigt den Beamten die Maschine. Alles in Ordnung, wir haben uns nichts zuschulden kommen lassen. Auch wenn die Beamten natürlich nicht begeistert davon sind, dass wir die Maschine versteckt hatten.

Zwei Tage später strahlt der Rumpf in neuem Glanz, und wir bestellen den Kran, um unser Boot zurück ins Wasser zu heben. Die Spannung ist fast noch größer als beim Rausheben. Werden all die Schweißnähte dicht sein? Wenn nicht, müssen wir das Kranen abbrechen und den Kran nach der Reparatur noch mal bestellen. Das wären jedes

Mal 600 Euro weniger in der Baukasse. Kaum berührt der Rumpf das Wasser, springt Ole rein und sucht alle Schotten ab, untersucht jede Schweißnaht und jedes zugeschweißte Loch. Gespannt stehe ich am Ufer und warte auf sein Urteil. Nach ein paar Minuten schaut er aus dem Rumpf und gibt dem Kranführer das Zeichen: Daumen hoch, er kann das Boot ganz ablassen, alles ist dicht. Die Erleichterung und der Stolz stehen ihm ins Gesicht geschrieben.

Dann endlich, im Oktober, beginnen wir mit dem Hausbau auf dem Wasser. Eigentlich sind keine sechs Wochen seit dem Kauf vergangen, uns aber kommt es vor wie eine Ewigkeit. Ohne Bauzeichnung und ohne genaue Statikberechnungen, nur mit einem groben Plan im Kopf, legt Ole los. Zuerst muss er das alte Fachwerk wieder ausrichten und in den richtigen Winkel bringen. Der Vorgänger hatte tragende Wände abgebaut. Dadurch ist das Dach eingesackt und hat die Wände auseinandergedrückt. Erst mal müssen wir also alles mit Spanngurten gerade ziehen und versteifen.

Ole fängt an, das vorhandene Fachwerk zu erweitern. Jeden einzelnen Balken müssen wir über den Steg zum Hausboot tragen und platzieren. Er setzt ein zweites Stockwerk oben drauf. Und das alles ohne Kran, ohne zweiten Mann und auf dem Wasser. Beim Tragen kann ich noch helfen, aber dann stoße ich auch schon an meine Grenzen. Um ihm die Balken hochzureichen, bin ich einfach zu klein und zu schwach. Wenn ich dabei zusehe, wie er einen Balken nach dem anderen mithilfe von Schlingen und Seilen Stück für Stück fünf Meter in die Höhe zieht, um sie dann ohne Sicherung oben zu befestigen, vergesse ich fast, dass er eigentlich Höhenangst hat. Schon vom Zusehen wird mir schwindelig. Natürlich geht das alles nicht komplett ohne Unfälle über die Bühne. Während der Arbeiten ist Ole konzentriert und sich aller Gefahren bewusst. Doch sobald er seinen Arbeitsplatz kurz verlässt und sich in Sicherheit wiegt, passieren all diese kleinen blöden Unfälle, die nicht vorhersehbar sind. Auf dem Weg zur Werkzeugkiste übersieht er eines Tages zum Beispiel, dass mehrere OSB-Platten übereinandergestapelt sind und surft, als er sie betritt, ein paar Meter auf der obersten durch den Raum, bevor er mit dem Steißbein voran runter in den Rumpf fällt. Aua. Aber abgesehen von etlichen blauen Flecken, blauen Fingernägeln, kleineren Schnittwunden und einem schmerzenden Rücken kommt er irgendwie, mit einer Mischung aus Vorsicht und einem unglaublich gnädigen Schutzengel, mehr oder weniger unbeschadet aus dieser Bauphase heraus.

Die erste große Etappe, die Arbeit am Rumpf, war keine große planerische Herausforderung, da sich die Arbeiten einfach durch den Fortschritt ergeben haben. Aber jetzt, wo es an den eigentlichen Hausbau geht, wird es schon ein bisschen komplizierter, strukturiert zu arbeiten, auch wenn mich die Euphorie und der Ehrgeiz wieder gepackt haben.

Nach einer groben Berechnung, was ich an Holz benötige, lasse ich mir über einen meiner Auftraggeber eine Ladung Balken anliefern. Ich nutze meine Beziehungen zu den Messebau-Firmen, weil ich noch keine Erfahrung in Sachen Kundenkonten oder Angebotsanforderungen habe und daher auch keine guten Einkaufspreise bekomme. Leider hat die erste Lieferung einen Sturmschaden und ist nicht für das Ständerwerk zu gebrauchen. Nach einiger Diskussion wird die Ware dann aber getauscht, und ich kann mit dem Zuschnitt beginnen. Nachdem die Seitenwände des alten Fachwerks mithilfe von Spanngurten wieder einigermaßen im Winkel zueinander stehen, wird der Rahmen vorne und hinten geschlossen. Gar nicht so einfach, denn auf dem Wasser ist eine Wasserwaage nicht zu gebrauchen, also muss ich alles entsprechend ausmessen. Ich stelle fest, dass Geometrie eine durchaus nützliche Lehreinheit ist. Um eine angenehme Raumhöhe in der unteren Etage zu bekommen, erhöhe ich das untere Stockwerk noch etwas und setze dann die Balken für die Zwischendecke. So weit noch gut allein zu händeln, wenn auch etwas umständlich. Die zweite Etage macht schon mehr Schwierigkeiten, da ja alles erst mal nach oben muss. Ich lege die fünf Meter langen Balken für das Dach auf einem gespannten Seil ab, um die andere Seite zunächst zu fixieren, während ich den Balken auf meinem Kopf balanciere. Dann kann ich auch die andere Seite verschrauben. Die Sparren fürs Dach kann ich größtenteils aus den alten Balken herstellen. Als der Rahmen dann endlich steht, wird die riesige Plane über das Gerippe gezogen, damit wir wieder regendicht sind. Zeit für ein Richtfest.

Das fällt sehr bescheiden aus, weil ich nur die einladen möchte, die mitgeholfen haben. Was bedeutet, dass eigentlich nur meine Familie und ein paar Leute aus dem Hafen dabei sind. Ich muss zugeben, dass ich etwas beleidigt und enttäuscht bin, dass sich bisher kaum jemand als helfende Hand angeboten hat. Aber es war wohl etwas naiv von mir, zu glauben, dass der Bau unseres Hausboots eine Begeisterung im Freundeskreis wecken würde, die sich in konkreter Mithilfe ausdrückt. Es ist halt unser Projekt.

Ein alter Bundeswehrofen sorgt für ein wenig angenehmere Temperaturen unter der Plane, und unsere meist leicht beschwipste Bootsnachbarin hat uns einen Richtkranz aus einem alten Rettungsring gebastelt. Bei Chili con Carne und ein paar alkoholischen Getränken halte ich einen improvisierten Richtspruch und gönne mir einen halben freien Tag. Längere Pausen sind gerade nicht drin.

In diesen Wochen ist um fünf Uhr früh Arbeitsbeginn,

und je nach Tagesform arbeiten wir manchmal bis 20 Uhr, oft aber auch bis spät in die Nacht. Die Strapazen kann man mir, aber auch Jill mittlerweile deutlich ansehen. Von leichten Schürfwunden und blauen Flecken, den Verbrennungen vom Schweißen abgesehen, schlage ich mir auch noch einen der Schneidezähne aus. Der viel zu ungepflegte Bart und die Augenringe hingegen können uns egal sein – wir haben ohnehin keinen Spiegel an Bord. Und Zeit, um unter Leute zu gehen, haben wir erst recht nicht.

Der Winter ist nicht mehr allzu fern. Jetzt heißt es, schnellstmöglich die Wände dämmen und das Dach draufsetzen. Ich bin wirklich froh, dass es das Internet gibt und man sich hier quasi alles Wissen, das man braucht, suchen kann. Niemals hätte ich sonst von *diffusionsoffenen Unterspannbahnen, Taupunktberechnungen, Sd-Werten* oder *Dampfsperren* erfahren. Tatsächlich habe ich mich aber auch nur halbherzig eingelesen und setze zwar die entsprechenden Materialien an richtiger Stelle ein, mache aber sicherlich nicht alles richtig. Die Unterspannbahn ist schnell angebracht, ebenso wie die Lattung für die Fassade. Bei den Trapezblechen für das Dach habe ich zum Glück Unterstützung von Jills Kindergartenfreund Markus. Minimalistisch gesichert ignoriere ich meine Höhenangst bestmöglich, und zusammen bekommen wir das Dach an einem Tag drauf. Leider muss ich die Dämmung jetzt von unten zwischen die Sparren klemmen, was meine Abneigung gegen Steinwolle nur noch steigert. Als dann alles gedämmt ist, macht sich der alte Baumarktofen meiner Schwester endlich bezahlt. Es wird allmählich gemütlich auf unserer Baustelle.

Die Fassade anzuschrauben macht wieder richtig Spaß. Ruckzuck ist alles dran, allerdings noch ohne Fensterausschnitte, daher sieht es nach einem riesigen Holzklotz aus. Leider reicht das Geld nicht für alle Fenster; die obere Etage bleibt vorerst dunkel. Die Haustür ist eine Nebeneingangstür aus dem billigsten Baumarkt-Fichtenholz. Weder schön noch praktisch, aber der Wind kommt wenigstens nicht mehr durch.

Da der Weg in das Toilettenhaus des Hafens auf Dauer etwas mühselig ist, schraube ich eine Toilette auf einen Rollwagen und hinten dran ein kleines Hebewerk, also eine Abwasserpumpe mit Schlauch. Die Spülung funktioniert nur mit einem Eimer. Das Wasser holen wir durch das Fenster aus dem Hafenbecken. Das Abwasser wird über einen langen Schlauch direkt in den Kanalisationsanschluss des Hafens gepumpt. Dieses mobile Klo nutzen wir während der kompletten Bauzeit und schieben es immer wieder in eine andere Ecke, wenn es stört. Als provisorische Küche dient ein aus Resten zusammengeschraubtes OSB-Platten-Ungetüm. Gekocht wird auf einem Zwei-Platten-Kocher, und frisches Wasser zum Händewaschen oder Kochen kommt aus dem Wasserkanister. Steckdosen oder Lichtschalter gibt es noch nicht. Licht bekommen wir über kleine Lampen, die mit der Kabeltrommel durch den Raum wandern, je nachdem, wo wir sie gerade benötigen.

Viele der von Ole verarbeiteten Materialien sind gebraucht. Aus einer alten Ruine hat er schon vor Jahren den Dielenfußboden und aus einem anderen Abbruchhaus die alten dänischen Fenster gerettet und bei seinen Eltern zwischengelagert. Jetzt kommen sie endlich zum Einsatz. Zum ersten Mal bin ich dankbar für seine Sammelleidenschaft, denn für neue Materialien hätte das Geld nicht gereicht.

Es fühlte sich erneut an wie eine Ewigkeit, aber in Wirklichkeit hat uns Ole innerhalb von nur drei Wochen ein ganzes Haus gebaut. Kaum ist das Dach drauf, fällt der erste Schnee. Es ist Mitte November, und der Winter ist da. Während ich in unserem nackten Rohbau immerhin schon mal Kaffee kochen kann, beobachte ich, wie Ole wagemutig mit einer Leiter auf einem Floß balanciert und der Außenfassade ihr »Schwedenrot« verpasst. Und da ist es auch schon passiert: Ole hört Stimmen auf der Brücke. Eine Grünkohlwandertruppe ist offensichtlich beeindruckt von seinem akrobatischen Arbeitseinsatz. Als er sich zu ihnen umdrehen und grüßen will, hält er sich an der Leiter fest. Die Leiter kippt, und er fällt in hohem Bogen in das eiskalte Hafenbecken, mitsamt Pinsel und Farbeimer. Durch den Kälteschock springt er wie ein Delfin an der Bordwand unseres Bootes hoch. Offensichtlich ist er selbst erstaunt, dass es ihm tatsächlich gelingt, sich ohne Leiter an Bord zu hieven.

Als wir kurze Zeit später mit einer frischen Tasse Kaffee und in Wolldecken gehüllt vor dem Kamin sitzen, fassen wir schließlich den Entschluss: Wir ziehen ein! Und das heute noch! Wir haben zwar bisher weder eine richtige Toilette noch eine Dusche an Bord, aber die gibt es ein paar Meter weiter im Hafen. Was wir haben, ist ein Kamin, ein Bett und eine Kaffeemaschine und vor allem: reichlich Platz und Zweisamkeit. Mehr brauchen wir im Moment nicht.

Parallelwelt: der erste Winter

November 2011

Genügsame Zweisamkeit hin oder her: Die ersten Wochen sind hart. Wir wachen morgens auf und können unseren Atem sehen, so kalt ist es. Wir haben zwar den Holzkamin, doch auch mit Kohlebriketts geht dieser irgendwann in der Nacht aus, wenn wir schlafen und niemand nachlegt. »Du bist dran!«, murmelt Ole schlaftrunken. »Nein, du! Ich hab's gestern gemacht!«, protestiere ich. Irgendjemand muss den Kamin wieder anschmeißen. Es kostet große Überwindung, die warme Bettdecke zurückzuschlagen und aufzustehen. Aber es hilft alles nichts. Solange wir liegen bleiben, wird es nicht wärmer, sondern immer kälter. Ole musste einiges an Geduld aufbringen, bis er mir erfolgreich beigebracht hatte, wie ich das Feuer im Kamin zum Brennen bringe. Mittlerweile aber bin ich schon recht routiniert darin und fast so schnell wie er – auch wenn er mich jedes Mal skeptisch beobachtet und sich verkneifen muss, es zu kommentieren oder gleich selbst zu tun.

Aber heute ist er dran. Während er sich widerwillig aus dem warmen Bett quält und anfängt, die Asche aus dem Kamin zu fegen, ziehe ich meinen Mantel über den Schlafanzug, steige in die Winterstiefel und mache mich, bewaffnet mit Handtuch und Zahnbürste, auf den Weg zum Duschen. Der Steg ist mit einer dicken Schicht Neuschnee bedeckt – eine ganz schön rutschige Angelegenheit. Ein Geländer gibt es nicht. Wenn ich jetzt ausrutsche, lande ich nicht nur im eiskalten Wasser – das Hafenbecken ist seit einigen Tagen sogar mit einer dünnen Eisschicht bedeckt. Vorsichtig setze ich einen Fuß vor den anderen und taste mich langsam vor, bis ich endlich das rettende Ufer erreiche. Im Dunkeln stapfe ich durch den Schnee zur Hafentoilette. Der zumindest leicht beheizte kleine Raum mit Dusche und Toilette wirkt richtig einladend heute Morgen. Schnell schließe ich die Tür hinter mir, um bloß keine Wärme entweichen zu lassen.

Mittlerweile arbeite ich in meinem ersten Job als Redakteurin bei Studio Hamburg. Ich fühle mich, als würde ich in zwei Parallelwelten leben. Ich versuche mich in dem vom Wasserdampf nassen Mini-Bad »bürofein« zu machen. Kurze Zeit später sitze ich mit Hunderten anderen Pendlern in feinem Zwirn und mit schwarzen Aktenkoffern in der S3 in Richtung Büroalltag. Meine Kolleginnen wissen, dass ich auf einem Hausboot wohne. Eine genaue Vorstellung davon, wie unser Leben im Moment aussieht, haben sie aber vermutlich nicht.

Alles – vom Aufstehen bis zu dem Zeitpunkt, an dem die Arbeit die erste aktive Hirnaktivität von mir fordert – ist der reinste Automatismus. Wie eine riesige Armada von Robotern strömen jeden Morgen Tausende Pendler schweigsam und mit starrem Blick durch den Hamburger Hauptbahnhof – und ich bin ein Teil davon. Gemeinsam mit dem Rest dieser Masse ergieße ich mich, an meinem Zielbahnhof angekommen, aus der Bahn und fühle mich mit jedem weiteren Tag auch genauso: irgendwie »ausgespuckt«. Im Gleichschritt marschieren wir weiter in Richtung Büro. Dort angekommen, murmelt jeder sein »Moin!«, drückt ganz automatisch auf den Anschaltknopf des Computers und holt sich in der Zeit, die dieser zum Hochfahren braucht, erst mal einen Pott Kaffee. Dann E-Mails lesen und abarbeiten. Was liegt heute an? Im Grunde dasselbe wie jeden Tag.

In dieser Zeit, in der ich mich fühlte, als würde ich in zwei sich abstoßenden oder sich widersprechenden Welten leben, wuchs in mir langsam ein Fremdheitsgefühl gegenüber dieser »künstlichen« Existenz, die wir Arbeit nennen. Zumal ich ohnehin nicht zu den Menschen gehöre, die von sich behaupten können, sie hätten schon immer gewusst, dass sie mal Journalist werden wollen. Als ich nach meinem Abi meine Sachen packte, um erst mal für ein Dreivierteljahr nach Australien zu gehen, tat ich das auch deshalb, weil ich noch immer keine Ahnung hatte, was ich eigentlich beruflich machen wollte. Ich könnte jetzt behaupten, ich hätte mich dann aus idealistischen Gründen für diesen Beruf entschieden: weil ich aufklären wollte, über Missstände berichten und die Welt im Kleinen verändern. Klar, das alles war Teil meiner Motivation. Der Hauptgrund allerdings war ehrlich gesagt viel egoistischer: Ich konnte mir ganz einfach keinen anderen Beruf vorstellen, der abwechslungsreicher und weniger langweilig ist. Und tatsächlich habe ich in den wenigen Jahren, in denen ich ihn dann aktiv ausübte, Einblicke in so viele verschiedene Lebensbereiche und Themen bekommen und so viele verschiedene Menschen kennengelernt, wie das in fast keinem anderen Beruf möglich gewesen wäre. Die Bandbreite reicht vom niedersächsischen Biobauern bis hin zum syrischen Flüchtling in einem griechischen Internierungslager. Menschen haben mir ihre Geschichten erzählt und mich in ihr Leben gelassen, und ich habe Dinge gesehen und erfahren, denen ich sonst nie begegnet wäre.

Aber wie so oft ist das eben nur ein kleiner Ausschnitt der Wirklichkeit – der mit Abstand interessanteste. Den Großteil der Zeit verbringe ich im Bürotrott, und das mindestens 45 Stunden die Woche. Das sind um die 1700 Stunden im Jahr! Sollte ich das bis zur Rente (dann sicher mit 67) machen, käme ich auf 69 700 Stunden Lebenszeit. Und je mehr ich davon absitze, desto sicherer weiß ich, dass ich das nicht will.

Wir lernen das Hausbootleben

Die ersten Monate auf dem Hausboot fühlen sich ein bisschen an wie campen. Und das im Winter. Aber Stück für Stück erobern wir uns ein bisschen mehr Gemütlichkeit und Komfort. Als wir das erste Mal fließendes Wasser aus der Leitung haben und an Bord auf ein richtiges Klo gehen können, feiern wir das, als hätten wir plötzlich die reinste Luxussuite. So ein paar Wochen Entbehrungen öffnen einem erst die Augen für Dinge, die vorher so selbstverständlich waren. Trotzdem: Richtig genießen können wir unser neues Zuhause noch nicht. Die weiteren Arbeiten am Hausboot kommen zeitweilig fast ganz zum Erliegen. Denn damit das Geld nicht zur Neige geht, muss Ole wieder arbeiten gehen. Und um die Liegegebühr abzuarbeiten, schuftet er nebenbei auch noch für den Hafenmeister.

Wie die meisten anderen Menschen stehen wir also morgens im Dunkeln auf, arbeiten den ganzen Tag, kommen im Dunkeln wieder, und in den verbleibenden Minuten bis zum Schlafengehen basteln wir noch ein bisschen am Haus. Freundschaften bleiben in dieser Zeit auf der Strecke. Zu Besuch kommt niemand. Zu kalt, zu ungemütlich – und auf Mithelfen hat auch niemand so richtig Lust. So einsam hatte ich mir ein Leben auf dem Hausboot nicht vorgestellt. Doch dann kommt der lang ersehnte Frühling – und mit ihm die Gäste und das Hausbootleben, wie die meisten es sich ausmalen.

Kaum fallen die ersten wärmeren Sonnenstrahlen auf

unsere Terrasse, ist bei uns plötzlich ein Kommen und Gehen wie in einer Strandbar. In unserem Freundes- und Bekanntenkreis in Hamburg hat es sich herumgesprochen, dass wir auf einem Hausboot wohnen. Viele sind neugierig, ein paar vielleicht auch neidisch. Letztere wissen ja nicht, wie die vergangenen Monate aussahen. Was sie sehen, ist ein fertiges Hausboot! Zumindest fast fertig. Der Traum von Unabhängigkeit und Freiheit. Einige sehen eine Möglichkeit, ein Stück des Traums mit zu leben, und sei es nur am Wochenende. Leider vergessen sie dabei manchmal, dass es sich hier um unser Zuhause handelt. Was wir in den vergangenen Monaten zu viel an Zwei- und Einsamkeit hatten – nun sehnen wir es manchmal geradezu herbei. Manche Leute kommen unangemeldet, spazieren völlig selbstverständlich einmal quer durch unser Wohnzimmer und setzen sich mit einem kühlen Bier aus unserem Kühlschrank auf die Terrasse. »Wie cool ist das denn, dass ihr theoretisch jederzeit ablegen und woanders hinfahren könnt!« Ja, theoretisch. In der Praxis sieht das nämlich ganz anders aus. Wie anders, das würden wir schon sehr bald erfahren.

Wir haben den Winter eigentlich gut überstanden – jetzt müssen wir erst mal die Konten aufbessern. Während Jill jeden Morgen in die Bürowelt abtaucht, arbeite ich hauptsächlich für eine Messe- und Ladenbaufirma in Hamburg – und zusätzlich in dem Hafen, wo unser Hausboot liegt. Da ich selbstständig bin, kann ich mir zwar immer mal wieder ein paar Tage freischaufeln. Aber das Geld ist wie immer knapp, weil jeder Cent in den Ausbau fließt, und ich bin ziemlich überlastet, weil einfach noch keine Zeit zum Pausemachen da war. Zusätzlich bin ich leider so blauäugig in die Selbstständigkeit gestolpert, dass ich nicht einmal krankenversichert bin. In meinem Mund klafft noch immer die große Zahnlücke vom Arbeitsunfall. Als zu Silvester 2011 im Hafen eine »Loveboat«-Mottoparty stattfindet und ich mir ein Kapitänsoutfit von meinem Vater leihe, werde ich darauf angesprochen, wie echt meine Zahnlücke aussieht. Das ist der Moment, an dem ich merke, dass ich mich auch mal wieder um andere Dinge als den Hausbootbau kümmern muss. Zum Beispiel um mich. Nachdem ich dann die Auflistung der Krankenkasse bekomme und feststellen muss, wie unverschämt hoch allein die Säumniszuschläge sind, obwohl ich nie beim Arzt war, ist plötzlich klar, dass ich pleite bin. Nach diversen Vorsprachen bei der Bundesknappschaft werde ich zumindest noch mal leicht runtergestuft und darf die knapp siebentausend Euro in Raten abzahlen. Dazu kommt der ab jetzt monatlich anfallende Krankenkassenbeitrag. Wenigstens gibt's nun endlich einen neuen Zahn.

Nach jedem Geldeingang wird erst mal eingekauft. Dusche, Waschbecken, Wasserleitungen und und und. Die Baumarkt-Bonuskarte macht sich so langsam bezahlt. Leider arbeite ich nämlich so spontimäßig (bzw. scheue Zeit und Nerven für Recherche), dass ich fast alle Einkäufe im benachbarten Baumarkt mache. Dadurch haben wir sicher viel Geld verbrannt. Andererseits ist Zeit eben auch ein Faktor.

Aber zum Glück lernt man ja jeden Tag etwas dazu – und am besten geht das, wenn man viele Fehler macht. Nachdem ich das Bad so weit fertiggestellt habe, dass es uneingeschränkt genutzt werden kann, und wir den Gipskartonverhau a.k.a. »Küche« etwas erweitert haben, lassen wir die Arbeiten am Hausboot erst mal ruhen. »Nichts hält länger als ein Provisorium«, hat mir mal jemand gesagt. Was unser Hausboot angeht, trifft das den Nagel auf den Kopf. Viele Stellen werden einfach zugespachtelt oder irgendwelche Reste vorgeschraubt, damit der kalte Wind nicht mehr durch die Ritzen pfeift.

Darüber, dass immer mehr Bekannte in den Hafen kommen, freut Jill sich anfangs – deutlich mehr als ich. Denn egal, woran ich gerade arbeite: Es kommt eher selten vor, dass mal jemand seine Hilfe anbietet. Mich nervt das ziemlich, aber Jill scheint es gutzutun, dass wir wieder so was wie ein Sozialleben haben. Und da sie die Strapazen der letzten Monate doch ziemlich tapfer durchgestanden hat, versuche ich zumindest, den Gästeansturm mit möglichst sanftem Sarkasmus zu ertragen, auch wenn es mir nicht immer gelingt. Obwohl es bei uns am Hausboot eigentlich genügend zu basteln und zu schrauben gäbe, kommen ein paar Bekannte aus Hamburg irgendwann auf die Idee, aus unseren Bauresten ein Floß zu bauen. Zu meinem Leidwesen entsteht so neben unserem Hausboot ein Projekt, das sich meiner Meinung nach nicht mal mehr als Kunst verkaufen lässt. Nach ein paar Wochen verlieren sie das Interesse – und wir haben einen Haufen Schrott, der neben uns vor sich hin dümpelt und beseitigt werden muss.

Hausbooteinweihungsparty

Sommer 2012

Ein Jahr nachdem unser Hausbootabenteuer begonnen hat, beschließen wir, all den Stress der vergangenen Monate hinter uns zu lassen und das, was wir bisher geschafft haben, mit einer großen Party zu feiern. Klar, ein bisschen stolz sind wir natürlich auch, und wir freuen uns darauf, allen unser neues Zuhause zu präsentieren. Aber vor allem wollen wir einfach mal das genießen, worauf wir all die Monate hingearbeitet haben. Zuerst laden wir nur den engsten Freundeskreis ein. Doch wir merken, dass sich die Nachricht über die Hausbooteinweihungsparty herumspricht wie ein Lauffeuer. Es werden schnell mehr Leute als geplant, die fragen, ob sie kommen und noch jemanden mitbringen dürften. Ole macht sich einen Spaß und sagt zu einem der »Anwärter«, dass er gerne kommen dürfe, wenn er in Badeanzug und mit Schwimmring erscheine. Und der nimmt ihn beim Wort: Im Männerbadeanzug und mit Schwimmring kommt er auf einem Skateboard die Hafeneinfahrt heruntergerast – und haut sich dermaßen auf die Schnauze, dass wir als erste Gastgeberamtshandlung einen Verbandskasten auspacken und den Ärmsten verarzten müssen. Damit hat er sich den Einlass auf die Party auf jeden Fall verdient.

Wir landen schließlich bei 120 Gästen. Wir haben keine Ahnung, ob unser Boot überhaupt so viele tanzende Menschen aushält. »Solange nicht alle gleichzeitig von einer Seite zur anderen rennen wie bei *Fluch der Karibik*, wird schon nichts passieren«, beruhigt der ewige Optimist Ole mich. Wir hoffen einfach, dass das Wetter mitspielt und sich die Party aufs Ufer ausweitet und nicht immer alle gleichzeitig an Bord sind. Praktischerweise konnten wir uns noch keine Möbel leisten. Und da das Bett mittlerweile ins Obergeschoss umgezogen ist, ist unten reichlich Platz zum Tanzen. Abgesehen von der improvisierten Küchenzeile ist das Erdgeschoss eine einzige große Tanzfläche. Aber nicht nur der drohende Platzmangel und die Frage, ob das Boot der Menschenmenge gewachsen ist, machen mir Sorgen. »Was, wenn jemand im Dunkeln und betrunken ins Wasser fällt?«, frage ich Ole. »Wenn man das verhindern will, dürften kein Beachclub und kein Partyboot der Welt mehr ein Event ausrichten!«, argumentiert Ole. Und er hat ja recht. Schließlich können wir nicht alle Risiken ausschließen. Und unsere Gäste sind erwachsen und geimpft, also für sich selbst verantwortlich.

Obwohl wir eigentlich keinen Cent übrig haben, gehen wir in die Vollen: Wir machen einen Rieseneinkauf beim Großmarkt und hoffen ansonsten einfach auf großzügige Spenden der Gäste. Wir dekorieren das Hausboot und den Steg mit Fackeln, Schilfrohr und Liegestühlen, und mein Vater spendiert ein paar Lampen.

Es wird eine legendäre Party. Den ganzen Abend laufen wir mit einem breiten Grinsen umher. Die Anerkennung, die uns entgegengebracht wird, tut gut. Die Euphorie ist ansteckend. Dann, am frühen Morgen, als die Party noch in vollem Gange ist, passiert, was passieren musste: Unsere sichtlich angetrunkene Freundin Jenny fällt rückwärts von der Terrasse ins Wasser. Kurzer Schock. Doch als sie prustend und lachend wieder auftaucht, gibt es kein Halten mehr. Einer nach dem anderen springt in voller Montur ins Hafenbecken. Im Dunkeln und mit dem entsprechenden Alkoholpegel stört sich keiner daran, wie das Wasser aussieht und wie es riecht. Das werden die meisten erst am nächsten Morgen bemerken. Das dilettantisch zusammengezimmerte Floß, das neben unserer Bordwand vor sich hin dümpelt, taugt immerhin als Sprungturm. Wie gefährlich das ist, mit den vielen Nägeln und Schrauben, die an allen Ecken und Kanten herausgucken, wird uns erst klar, als einer unserer Gäste sich daran das halbe Ohrläppchen abreißt. Aber auch das tut der Stimmung keinen Abbruch. Als es langsam hell wird, liegen überall im Haus nasse Klamotten verstreut, und unser Kleiderschrank ist geplündert.

Nach all den Entbehrungen der letzten Monate erleben wir es das erste Mal: das Hausboot-Feeling, von dem so viele träumen und nach dem wir ursprünglich gar nicht gesucht hatten. Aber seit wir vor gut einem Jahr in dem alten Wrack standen, haben wir uns oft solche Szenen ausgemalt, wie wir sie jetzt erleben: Wir sitzen bei Sonnenaufgang auf unserer Terrasse, beobachten zusammen mit den letzten Gästen, wie die ersten Sonnenstrahlen auf dem Wasser glitzern, und sind uns das erste Mal sicher: Das war die beste Entscheidung unseres Lebens.

Nichts hält länger als ein Provisorium

Was viele unserer Besucher nicht sehen, ist die Tatsache, dass wir auf einer ewigen Baustelle leben. Viele, die sich gegen einen Neubau und für die Renovierung eines alten Gebäudes entscheiden, kennen das. Man beginnt, einen Raum nach dem nächsten bewohnbar zu machen. Aber überall gibt es versteckte Schwierigkeiten, warten neue böse Überraschungen, mit denen man nicht gerechnet hat. Und wenn man beim letzten Raum angekommen ist, kann man beim ersten wieder anfangen, die Provisorien auszutauschen, die man zu Beginn aus Geld- oder Zeitmangel in Kauf genommen hat.

Das Geld, das wir uns für den Bau geliehen haben, ist längst aufgebraucht. Für das Nötigste hat es gereicht: Wir haben vier Wände, ein Dach über dem Kopf und eigentlich alles, was zu einem bewohnbaren Haus gehört: fließend Wasser, Strom, einen Kamin und mittlerweile auch eine 70er-Jahre-Küche aus dem Familienbestand. Fertig ist es damit zwar noch lange nicht, aber alles, was jetzt noch gemacht werden muss, kann in den kommenden Jahren Stück für Stück geschehen. Wir werden freie Zeit dafür nutzen müssen, nach und nach Dinge zu verbessern, auszutauschen oder zu überholen. Momentan fehlt es einfach an Geld und Zeit. Gefühlt besteht die Hälfte des Hauses aus Provisorien. Irgendwann gewöhnt man sich an den Anblick und vergisst fast, dass man hier eigentlich mal etwas anderes geplant hatte. An vielen Stellen allerdings machen sich das Sparen und die Tatsache, dass es anfangs wegen des nahenden Winters sehr schnell gehen musste, unweigerlich bemerkbar. Und auch die Besonderheiten, die so ein Dasein auf dem Wasser für ein Haus bedeuten, fallen erst mit der Zeit auf.

Holzhausbewohner kennen das ständige Knacken und Knarzen, wenn das Holz »arbeitet«, sich also ausdehnt oder zusammenzieht. Bei einem Holzhaus auf dem Wasser kommen die Bewegungen dazu, was die Belastungen natürlich deutlich vergrößert. »Man könnte sagen, wir wohnen in einem Erdbebengebiet«, erklärt Ole die Besonderheit beim Bau von Hausbooten. Im Grunde grenzt es an ein kleines Wunder, dass er uns ohne das Wissen und die Erfahrung, die er mittlerweile hat, ein Haus gebaut hat, das all diesen Belastungen seit Jahren standhält.

Irgendwie kann ich in unserem neuen Zuhause nie richtig abschalten. Überall, wo ich hinschaue, entdecke ich irgendwelche Fehler oder denke an die Folgen eines Provisoriums. Die gebrauchten Fenster, die wir von meiner Schwester geschenkt bekommen haben, sind zwischen den Scheiben der Zweifachverglasung beschlagen und man kann zum Teil nicht mehr durchgucken. Die Dämmwirkung ist also nicht gerade optimal. Die Wände haben durch die ständige Bewegung des Hausboots Risse bekommen. Und auch nachdem ich alle Fugen wieder aufgemacht habe und alles noch mal gespachtelt habe, hört die Rissbildung nicht auf. Also beginne ich, an einigen Stellen mit teuren Produkten aus dem Bootsbereich zu experimentieren.

Die alte Küche fällt immer mehr auseinander: Die Türen hängen und die Schubladen haken. Die alte Mahagoni-Schiffstür, welche im Badezimmer als Terrassen-Zugang dient, fängt an zu schimmeln. Die Decke ist noch komplett offen und nicht gedämmt, daher ist jeder Schritt, den man im Obergeschoss macht, unten deutlich zu hören. Die Kabel an der Decke liegen offen. Egal, wo ich hinschaue: Der Baustellencharakter ist deutlich zu erkennen. Auch wenn alle Besucher versuchen, mir ihre Anerkennung für die erbrachten Arbeiten zu signalisieren – ich kann einfach keine Komplimente annehmen.

Abgesehen von den rundum ersichtlichen Mängeln gibt es leider einen sehr unangenehmen, aber immer wiederkehrenden und dann sehr akuten Job: unsere Abwasserpumpe. Ich erinnere mich noch gut, wie ich meinem Vater dabei helfen sollte, im Abwasserschacht unseres damaligen Hauses mit der Rohrspirale eine Verstopfung zu entfernen. Damals fand ich den Gestank mehr als abstoßend und dachte, schlimmer geht es wohl kaum. Fehlanzeige! Unsere Abwasseranlage auf dem Hausboot ist so aufgebaut, dass das Abwasser direkt in ein Kleinsthebewerk geleitet wird. So eine Anlage ist quasi ein Tank mit einer Pumpe. Diese Pumpe wird durch einen Schwimmerschalter bei einem bestimmten Wasserstand im Tank eingeschaltet und hat einen Zerkleinerer, der unter anderem das Klopapier zerreißt. Hat man jetzt Besuch, der noch nie davon gehört hat, dass gewisse Gegenstände nicht in die Toilette wandern sollten (ja, es gibt solche Menschen, und weit mehr als man denkt), dann bedeutet das auf unserem Hausboot, dass die Pumpe nicht mehr pumpen kann und der Wasserstand in dem 30-Liter-Tank innerhalb kürzester Zeit so ansteigt, dass die ganze Sch... kurzerhand überläuft. Unappetitliches Thema, ich weiß, aber ich muss es leider erwähnen, weil es zur Realität unseres improvisierten Hausboot-Lebens gehört. Wenn also der Tank überläuft, fließt das Abwasser direkt in die Bilge des Hausboots. Die Bilge ist das Innere des Rumpfes, also quasi der Boden unter dem Zimmerfußboden. Dass das Abwasser in die Bilge läuft, merkt man in der Regel erst daran, dass es stinkt. Und dann muss der Hausherr zum einen die komplette Kleinsthebeanlage zerlegen und reinigen, zum anderen aber: Er muss sich flach in die Bilge legen und mühsam bis in alle Ecken das stinkende Abwasser aufwischen und die festen Bestandteile aufsammeln. Unter anderem das Corpus Delicti aus dem Bereich Damenhygiene.

Passiert so etwas ein Mal, dann will man nicht, dass sich jemand für diesen Vorfall schämen muss, also macht der Hausherr einfach seinen Job und redet nicht weiter darüber. Passiert es zum zweiten Mal, findet der Hausherr das nicht gut und bittet seine Freundin, der verantwortlichen Person einen kleinen Tipp zu geben. Beim dritten Mal fliegt schon mal ein Werkzeug durch die Gegend und vielleicht wird auch ein bisschen geflucht. Zusätzlich wird die Freundin gebeten, ein ausführliches Gespräch mit dem GESAMTEN Freundeskreis über die NICHT in einer Toilette zu entsorgenden Gegenstände zu führen. Erst ab dem vierten Mal kann der Hausherr nicht anders, als die Person direkt und nicht gerade freundlich anzusprechen, die für die SCHEISSE verantwortlich ist. Und ab dem fünften Mal habe ich kurzzeitig eine generelle Abneigung gegen das Hausbootleben entwickelt.

Die Suche nach einem neuen Liegeplatz

Im Vergleich zu unserem alten Leben in WG-Zimmern fühlt sich unsere Situation jetzt schon selbstbestimmter an. Doch so richtig frei sind wir nicht. Wir zahlen zwar keine Miete mehr, aber stattdessen gut 4000 Euro Liegegebühr im Jahr. Zusätzlich zahlen wir monatlich das geliehene Geld an Oles Eltern zurück. Hinzu kommt, dass Ole immer unzufriedener mit seiner Arbeitssituation ist. »Wir müssen hier weg, Jill!«, sagt er mir eines Abends, als ich von der Arbeit nach Hause komme. »Ich bin Björn und Dani ja dankbar dafür, dass sie uns hier haben bauen lassen und uns sogar in ihrem Haus aufgenommen haben, aber ich bin es leid, ewig das Gefühl zu haben, diese Schuld abarbeiten zu müssen. Das funktioniert nicht. Außerdem muss ich hier auch mal raus. Das geht nicht gut auf Dauer, dass ich hier wohne und arbeite.«

Ich weiß, was er meint. Er fühlt sich gefangen. Er persönlich ist von der ersehnten Freiheit vielleicht sogar weiter entfernt als vorher. Denn sein Arbeitgeber ist gleichzeitig unser Vermieter. Eine schwierige Kombination.

Ich stimme ihm zu: »Für mich war sowieso immer klar, dass wir hier nicht ewig bleiben können. Wenn ich schon auf einem Hausboot wohne, dann möchte ich in die Natur sehen, wenn ich aus dem Fenster schaue, und nicht auf eine Brücke, über die im Sekundentakt Lkw donnern.« Von unserer Terrasse aus blicken wir auf einen großen Supermarktparkplatz. Nicht gerade idyllisch. Wir sind uns also einig: Ein neuer Liegeplatz muss her.

Aber das ist leichter gesagt als getan. Erst jetzt, wo wir uns intensiver mit dem Thema Liegeplatz beschäftigen, merken wir, dass das für die meisten Hausbootbesitzer das größte und ständig wiederkehrende Problem ist. Und realisieren jetzt erst, was wir für ein Riesenglück hatten, dass wir den Liegeplatz praktisch schon vor dem Hausboot hatten. Für viele ist das Liegeplatzproblem sogar der Grund, ihren Traum irgendwann wieder aufzugeben. Die deutschen Städte sind, was das Thema »Wohnen auf dem Hausboot« angeht, Jahrzehnte hinter Städten wie Amsterdam, London, Seattle oder San Francisco zurück. Dabei ist gerade Hamburg mit seinen vielen Kanälen und kleinen Häfen prädestiniert dafür. Theoretisch könnten Hausbootsiedlungen, wie es sie zum Beispiel in Seattle gibt, dabei helfen, den chronischen Wohnungsmangel zu beheben. Doch offensichtlich ist das nicht gewünscht, zumindest nicht für den Durchschnittsbürger. Dabei gab es 2010 ein Pilotprojekt für »Schwimmende Häuser«. Es war das Ergebnis eines Bürgerwettbewerbs zum Thema *Hamburg – Wachsende Stadt*. Der Senat erwarte bis zu 1000 neue Hausboote, hieß es damals in Zeitungsberichten. Doch der Enthusiasmus schlug schnell in Ernüchterung um. Das Ergebnis: Knapp zehn Jahre später waren im Bezirk Hamburg-Mitte gerade einmal 34 Hausboote gebaut worden. In ganz Hamburg gibt es derzeit nur rund 80, die meisten davon eher halblegal und geduldet. Die Liste der Bedingungen, die die Hausboote erfüllen sollten, war lang, das Genehmigungsverfahren sehr viel umfangreicher als beim normalen Hausbau. Wer hier durchblicken will, muss sich erst mal durch den 42-seitigen »Genehmigungsleitfaden für Hausboote und schwimmende Häuser im Bezirk Hamburg-Mitte« kämpfen. Die schwimmenden Heime heißen im Behördendeutsch übrigens »Lieger«. Und man lernt viel über Schwimmfähigkeitszertifikate, Freibordhöhen, Kippstabilitätsnachweise, Havarie- und Bergeversicherungen, Artenschutzgutachten und die »faunistische Kartierung« für Muscheln und Vögel. Im Einzelnen sicher alles sinnvoll, in der Summe und der Präsentation aber eher das Signal an interessierte Bürger »Lass es sein!«. Einige Architektenbüros bewarben sich dennoch mit ihren Entwürfen – und die Auserwählten durften dann ihre viele Hunderttausend Euro kostenden Schmuckstücke auf den wenigen Wasserflächen »ausstellen«, die die Stadt zur Verfügung stellte. Tatsache ist nämlich, dass große Wasserflächen (also die meisten) gar nicht vom betreffenden Bezirksamt, sondern von der Hamburg Port Authority (HPA) verwaltet werden. Die HPA aber lässt das Wohnen im Hafengebiet, in Industrie- und in Gewerbegebieten und an Kleingartengebieten nicht zu. Das reduziert die ursprünglich angedachte Fläche enorm.

Für viele potenzielle Hausbootbauer ist außerdem die Finanzierung ein großes Problem. Für Liegeplätze gibt es keinen Grundbucheintrag wie bei einem normalen Hausbau. Weil dem Lieger kein Grundstück zugeordnet werden kann, vergeben die Kreditinstitute nicht so einfach ein Hypothekendarlehen. Denn theoretisch könnte der Gläubiger mehrere Darlehen gleichzeitig beantragen oder sich mit seinem noch nicht abbezahlten Hausboot ins Ausland absetzen, so die Angst der Banken. Es gibt bei einem mobilen Zuhause einfach nicht dieselbe Sicherheit wie bei einer Immobilie, weder für die Banken noch für den Liegeplatz-Verpächter.

Wer in Hamburg also einen Hausbootliegeplatz braucht, hat nur wenige Optionen: Entweder er hat das nötige Kleingeld und legt allein schon für die Erschließung des Liegeplatzes – also Stegzugang, Strom, Wasser und, wenn man Pech hat, in Hamburg auch noch die Kampfmittelbeseitigung – gut hunderttausend Euro hin. Und nimmt in Kauf, dass er selbst dann nicht mal die Sicherheit hat, dort auch unbegrenzt liegen zu können. Oder er legt sein Hausboot mehr oder weniger illegal in einen der kleinen stillgelegten Seitenarme oder ein altes Hafenbecken weiter außerhalb und wird mit Glück von den Behörden geduldet. Dort aber gibt es manchmal weder Strom noch Frischwasser, zudem lebt man ständig mit der Angst im Nacken, dass man am nächsten Tag von den Behörden verscheucht wird. Einige dieser »Aussteiger« leben seit Jahren in dieser Grauzone – und die wenigsten sind so durch Prominenz geschützt wie der 2017 gestorbene Schlagersänger Gunter Gabriel, der 20 Jahre lang auf einem Hausboot wohnte, das ebenfalls im Harburger Binnenhafen lag. Das war übrigens fast gegenüber von unserem Liegeplatz. Kennengelernt haben wir ihn aber nie.

Die dritte Möglichkeit ist ein gewöhnlicher Sportbootliegeplatz in einem der Yachthäfen – dazu unten mehr. Dort ist man auf die Gunst des Hafenbetreibers angewiesen. Nicht jeder Hafenmeister akzeptiert Dauerlieger. Viele haben die Erfahrung gemacht, dass man sich damit oft Ärger einfängt. Stichwort »Maschendrahtzaun«. Dauerhafte Bewohner dehnen ihren Radius gezwungenermaßen – wir sprechen da aus eigener Erfahrung – auch aufs Ufer aus. Denn wohin mit Fahrrädern, Auto, Brennholzlager? Normale Sportbootbesitzer, die einmal die Woche zum Bootfahren kommen, sind da natürlich unkomplizierter. Und für den Hausbootbesitzer bedeutet das legale Liegen in einem Hafen relativ hohe Liegeplatzgebühren. Denn viele Hafenmeister wissen um die Not der Hausbootbesitzer, einen Liegeplatz zu finden, und nutzen diese aus, indem sie mehr als die üblichen Quadratmeterpreise berechnen, die sie von den anderen Bootsbesitzern verlangen.

Während ich mich eher mit dem Gedanken befasse, dass unser Hausbootleben vielleicht doch nur ein abenteuerliches Intermezzo war und wir das Boot wieder verkaufen müssen, weil wir keinen geeigneten Liegeplatz finden, spinnt Ole mal wieder mit völlig abstrusen Ideen herum. Sein neuester Plan: Wir kaufen ein Grundstück am Wasser, wo wir dann umsonst liegen können. Das Geld müssten wir uns natürlich wieder mal leihen – aber wir könnten ja das, was wir im Moment an Liegegebühr bezahlen, zum Abbezahlen nutzen. Nach demselben Prinzip entscheiden sich ja viele für den Kauf einer Eigentumswohnung oder eines Hauses und gegen das ewige Mieten. Vom Grundgedanken her gar nicht so schlecht. Aber leider gibt es im Raum Hamburg Wassergrundstücke keineswegs wie Sand am Meer. Dabei haben wir unsere Ansprüche bereits ordentlich heruntergeschraubt. Die Erschließung mit Steg, Strom und Wasseranschlüssen ist gar kein Kaufkriterium, das würden wir selbst machen. Doch das Einzige, was wir finden, sind riesige Industriegrundstücke mit alten Fabrikhallen, die an schmalen Kanälen liegen. Zu einigen kämen wir nicht mal auf dem Wasserweg, sondern müssten das Hausboot mit Kran und Trailer dorthin transportieren und dann in ein von allen Seiten begrenztes betoniertes Becken einsetzen, in dem wir dann festsäßen. Nicht unbedingt die ersehnte Verbesserung im Vergleich zu unserer jetzigen Aussicht. Außerdem sind die angebotenen Grundstücke viel zu teuer, viel zu groß und hässlich noch dazu. Es ist frustrierend – aber immerhin ist da eine Art Plan, wenn auch noch unausgereift und unerreichbar. Und dann, wie so oft in unserem Leben, fällt uns das Glück in den Schoß. Einfach so, an einem lauen Spätsommerabend, bei Lagerfeuer und Rotwein.

Zusammen mit einigen anderen Bootsbesitzern aus dem Hafen sitzen wir um die Feuerschale und genießen einen der vermutlich letzten warmen Abende des Jahres. Es könnte so gemütlich sein, wenn da nicht diese nagende Ungewissheit wäre. Wo sollen wir hin mit unserem Hausboot? War alles umsonst? Müssen wir aufgeben? Vielleicht haben wir das doch alles nicht gut genug durchdacht? Einer der Bootsbesitzer ist neu hier. Lars hat keinen festen Liegeplatz. Mit seinem Plattbodenschiff segelt er die Elbe hoch und runter und kommt dabei immer wieder in den verschiedensten Häfen unter. Als er von unserer Suche hört, erzählt er plötzlich eine Geschichte, die zu schön klingt, um wahr zu sein. Er berichtet, dass er manchmal in einem kleinen Hafen etwa 15 km elbaufwärts einkehrt. Dieser werde von einem älteren Herrn betrieben, einem kauzigen alten Seebären um die 80 und mit Beinprothese. Und weil dieser den Betrieb nicht länger allein bewältigen könne und seine Kinder den Hafen nicht übernehmen wollten, suche er nach einem geeigneten Nachfolger. Ein Hafen, der zum Verkauf steht?! Aber selbst, wenn das tatsächlich stimmt und wir als Nachfolger infrage kämen: Was kostet so ein Hafen überhaupt? Wir nehmen die Geschichte zunächst nicht richtig ernst und wischen den Gedanken beiseite. Doch in der folgenden Nacht schlafen wir beide kaum. Die Geschichte lässt uns nicht los. Könnte das die Lösung für all unsere Probleme sein? Ein eigener Hafen?

Am nächsten Morgen gehen wir rüber zu Lars, der gerade auf seinem Boot frühstückt, und haken noch mal nach. Wo genau befindet sich der Hafen? Winsen (Luhe)? Kennen wir nicht. Und ist der wirklich privat und zu verkaufen? Wir können es kaum glauben. Nur wenige Häfen sind in Privathand, die meisten werden von Vereinen betrieben. Und zum Verkauf ausgeschrieben werden sie praktisch nie, weil sie nach Jahrzehnten einfach weitergereicht werden. Auch in diesem Fall gibt es keine Anzeige, keine offizielle Ausschreibung. Der ältere Herr warte einfach auf den Richtigen, sagt Lars. Wahrscheinlich falle ihm der Gedanke schwer, sich von seinem Lebenswerk zu trennen, weshalb er sich noch nicht habe überwinden können, den Hafen zum Verkauf auszuschreiben. »Wenn ihr Lust habt, fahre ich am Wochenende mal mit euch zusammen hin und stelle euch vor!«, bietet Lars an.

Ein paar Tage später sitzen wir im Auto und fahren am Elbdeich entlang in Richtung Winsen (Luhe). Obwohl gerade einmal 20 Minuten Autofahrt von Hamburg entfernt, ist die Kreisstadt mit ihren rund 35 000 Einwohnern den meisten Hamburgern völlig unbekannt – abgesehen vielleicht vom Zorn auf Pendler mit dem Kennzeichen »WL«. Viele Großstadtbewohner kreisen sehr um sich und ihren Kiez. Auch wir haben das Gefühl, in eine andere Welt abzutauchen, die uns aber beiden aus unserer Kindheit sehr vertraut ist. Nach all den Jahren in Großstädten erscheint mir das Bild, das sich mir hier bietet, wie aus einem Bilderbuch: Auf dem Deich grasen Schafe, ein kleines Dorf reiht sich ans nächste, und die Kinder spielen auf der Straße.

Nach der kurzen Fahrt erreichen wir den Stöckter Hafen. Wir fahren auf den kleinen Deich und nach ein paar Metern eine kleine, steile, geschotterte Rampe hinunter auf einen Hof. Wir stehen vor einer aus Containern und ein paar Brettern zusammengezimmerten Werkstatt. Rechts von uns steht ein dunkles kleines Nurdachhaus mit einer Terrasse in Richtung Wasser. Ein paar Schritte weiter geht es auf die Brücke zur Steganlage. Ich glaube, in dem Moment, als wir auf der Brücke stehen und auf das von grünem Ufer umgebene Hafenbecken blicken, ist es um uns beide geschehen. Der Anblick dieser Idylle macht uns blind für all die Mängel, für all die Arbeit, die reingesteckt werden müsste – und er macht uns auch blind für all die Hürden, die es zu umschiffen gilt, bevor wir auch nur daran denken können, dieses kleine Paradies zu unserem zu machen.

Lars stellt uns dem Hafenmeister vor und erklärt kurz, wer wir sind und weshalb wir hier sind. Klaus ist freundlich, aber zurückhaltend. Ich kann mir vorstellen, was er denkt: Da kommen zwei junge Spinner, zwei Träumer, die keine Ahnung haben, was so ein Hafen eigentlich für Arbeit bedeutet. Die haben bestimmt jahrelang in der Uni gesessen, leben jetzt ihren Hippietraum und haben noch nie körperlich gearbeitet.

Aber er gibt uns eine Chance.

Als wir auf dem Rückweg einen kleinen Spaziergang auf dem Deich machen, der das Hafengelände einfasst, fühlt es sich unwirklich an. Noch scheint das alles so weit weg, so unerreichbar. Aber irgendwie spüren wir, dass das hier unsere Chance ist – mal wieder. Und der erste Schritt ist immerhin schon gemacht.

Ein Lebenswerk

In den kommenden Wochen und Monaten verbringt Ole jede freie Minute in dem kleinen Hafen an der Ilmenau. Er gibt sein Bestes, Klaus von sich zu überzeugen. Der scheint auch erst einmal positiv überrascht und zufrieden. Ein handwerkliches Allround-Talent wie Ole gibt es schließlich selten. Und trotzdem: 34 Jahre lang hat er den Hafen in Eigenregie aufgebaut, betrieben, gehegt und gepflegt. Klar, dass es ihm schwerfällt, jetzt das Steuerruder abzugeben. Vor allem, wenn Dinge plötzlich anders gemacht werden oder neue Ideen kommen – und seien sie auch noch so gut gemeint.

»Dem Richtigen würde ich den Hafen auch gegen eine Kiste Bier abgeben«, hatte Klaus uns zu Anfang gesagt, als wir nach dem Preis fragten. Ganz ernst gemeint war das natürlich nicht, das war uns klar. Aber was er damit sagen wollte, war offensichtlich: Dieser Hafen ist mehr als nur sein Hobby. Er ist sein Lebenswerk. Als er 1979 anfing, gab es hier nichts. Er rammte die Pfähle, baute die Steganlage, das Nurdachhaus mit Aufenthaltsraum und Toiletten, einen Schuppen und die Slipbahn mit Winde für die großen Boote. Für ihn ist wichtig, dass sein Betrieb in gute Hände übergeht. Seine Nachfolger sollen der Aufgabe und der Verantwortung für dieses Lebenswerk gewachsen sein. Er möchte sichergehen, dass sein Werk in seinem Sinne weitergeführt wird. Aber genau hier liegt leider die Krux: Über die Jahre hat sich die Welt kräftig verändert – aber im Yachthafen Ilmenau ist die Zeit stehen geblieben. Es gibt keine Internetpräsenz; den meisten Dingen sieht man an, dass sie in den 80er-Jahren gebaut worden sind, und die Kunden sind im Durchschnitt um die 70 und fast alle hier, seit es den Hafen gibt. Neukunden gibt es kaum. Uns wird klar: Wenn wir den Hafen übernehmen wollen, müssen wir einiges umkrempeln.

Klaus ist ein Hafenarbeiter, wie er im Buche steht. Kein Jammern über die Arbeit, sondern anpacken und machen. Dabei aber immer auf die gesetzlichen Pausen achten! Den Hafen hat er 1979 mit einem Partner gegründet. Damals war ein derartiges Unterfangen noch etwas einfacher zu realisieren, da es noch keine behördlichen Auflagen im heutigen Ausmaß gab. Pragmatisch wurde das Grundstück gepachtet, urbar gemacht und aufgeschüttet und das Hafenbecken ausgebaggert. Da Klaus im Strom- und Hafenbau tätig war, hatte er die Möglichkeit, sich nach Feierabend oder zum Wochenende das kleine und große Werkzeug für den Hafenbau auszuleihen. Ob Schwimmramme oder Schuten: Klaus machte einfach, ohne groß nachzufragen. Als echter Finkenwerderaner wird halt nicht lang geschnackt.

Einen Nachfolger für seinen Sportboothafen zu finden war deshalb auch nicht ganz einfach. Interessenten gab es wohl zur Genüge, aber Klaus war auf der Suche nach »dem Richtigen«. Als ich mich ihm vorstelle, ist mir klar, dass er mich für einen Dummschwätzer hält – einen Typen, der das ohnehin nicht packen würde. Lass den mal reden, den Jungspund. Da mir diese Tatsache bewusst ist, biete ich meine Hilfe im Hafen an, damit er die Möglichkeit hat, mich und vor allem meinen Fleiß und mein Engagement kennenzulernen. Und so kommt es, dass ich meine freie Zeit nun nicht mehr zur Vollendung unseres Hausbootes nutze, sondern jede freie Minute in dem kleinen Hafen bei

Winsen an der Luhe verbringe und versuche, die Anlage mit in Schuss zu halten. Unbezahlt natürlich.

Ich helfe beim Mähen der Fläche, beim Slippen der Boote und bei allen weiteren Arbeiten, die Klaus mir zutraut. Den Steg darf ich beispielsweise nie reparieren. Durch die Arbeiten lerne ich natürlich schon einiges über den Hafen und die vielen vorhandenen Mängel. Außerdem brennt sich der Traum vom eigenen Hafen so tief in mir ein, dass ich fast alles tun würde, um ihn zu verwirklichen.

Klaus scheint so langsam zu erkennen, dass ich trotz der wilden Frisur ganz fleißig bin und auch einige Fähigkeiten in vielen handwerklichen Bereichen habe. Er beschließt, uns auf unserem Hausboot im Harburger Binnenhafen zu besuchen, und so steht er eines Nachmittags plötzlich vor der Tür. »Ja, ich kann mir vorstellen, dass du den Hafen übernimmst.« Jackpot! Das Hausbootprojekt noch immer nicht ganz fertig und schon die nächste Lebensaufgabe. Voraussetzung für Klaus ist allerdings, dass wir eine offizielle Genehmigung haben, mit dem Hausboot in dem Hafen zu liegen. Die nächste (Be-)Hürde …

Ein Bauantrag für unser fertiges Haus

Frühjahr 2013

Als Ole Klaus schließlich überzeugt hat, dass er den Aufgaben eines Hafenmeisters handwerklich gewachsen ist, steht die Organisation des Umzugs zum neuen Liegeplatz an. Es gilt also, die Behörden von uns zu überzeugen. Wenn das nicht klappt, war alles umsonst. Mit Fotos, den dürftigen Unterlagen, die wir vom Hausboot haben, und unserem freundlichsten Lächeln auf den Lippen machen wir uns also eines Morgens auf zum Termin bei der Stadt Winsen (Luhe). Aufgrund unserer Erfahrungen mit den sperrigen und oft im Ablehnungsmodus verharrenden Behörden einer Großstadt und weil wir das Hamburger Genehmigungsverfahren für Hausboote noch gut im Gedächtnis haben, sind wir sehr skeptisch und befürchten das Schlimmste. Aber wir werden überrascht! Der Vorteil an den Behörden kleinerer Städte und Gemeinden ist, dass man nicht nur eine weitere Wartenummer mit nervigem Anliegen ist, sondern tatsächlich als Mensch empfangen und behandelt wird. Einer Geschichte wie der unseren wird aufmerksam und interessiert zugehört. Vielleicht haben wir auch nur Glück und sitzen an jenem Tag dem richtigen Beamten mit der richtigen Laune gegenüber. Jedenfalls werden wir nicht sofort abgewiesen, sondern man versucht, uns zu helfen und eine Lösung für unsere Sondersituation zu finden. »Nun, das Problem ist, dass Wohnen ohne eingetragene Anschrift in Deutschland nicht möglich ist«, überlegt der Beamte laut. »Zuallererst müssen wir also dafür sorgen, dass im Yachthafen Ilmenau eine Wohnadresse eingetragen wird. Dafür müssen Sie einen Bauantrag stellen!«, teilt uns der freundliche Beamte mit. »Aber wofür denn?«, fragen wir ihn. »Unser Haus ist doch schon fertig!« – »Ja, aber dafür gibt es noch keine Genehmigung. Dann müssen Sie eben nachträglich eine Bauzeichnung anfertigen lassen und einen Bauantrag stellen, damit wir Ihnen das Gebäude an dieser Stelle genehmigen und eine Hausnummer eintragen können.« Weil es sich bei dem Gelände aber leider nicht um Bauland für Wohneinheiten handelt, sondern um ein Gewerbegebiet, muss unser Bauantrag auf »Hafenmeisterbüro und Unterkunft« lauten – auch diesen Tipp gibt uns der nette Beamte mit.

Etwas verwirrt, aber wenigstens nicht völlig niedergeschmettert, verlassen wir wenig später das Winsener Rathaus. Okay, einen Bauantrag müssen wir stellen. Das wird sich ja irgendwie organisieren lassen. Und wenn alles gut geht, steht unserem Umzug »aufs Land« dann nichts mehr im Wege.

Bis wir alle erforderlichen Unterlagen zusammenhaben, vergehen ein paar Wochen. Ich arbeite trotzdem weiter im Hafen mit und sorge nebenher dafür, dass die nie erstellten Zeichnungen vom Hausboot nachträglich gemacht werden. Zum Glück hat Jill ein paar Fotos vom Bau gemacht, mit denen der Bauzeichner arbeiten kann. Nach der Abgabe der Unterlagen bei der Behörde heißt es nun: abwarten.

Ein großes Problem gibt es noch: Das Grundstück, auf dem der Hafen liegt, gehört dem Nachbarn auf der anderen Deichseite; Klaus hat es nur gepachtet. Ein Kauf des Hafenbetriebs kommt für uns aber nur infrage, wenn wir auch das Land kaufen können. Das Risiko, die Pacht gekündigt zu bekommen und dann alles zu verlieren, ist uns einfach zu hoch. Denn rein rechtlich gesehen ist alles, was mit dem Land verbunden ist, also alle Gebäude und auch die Steganlage, eigentlich Eigentum des Grundstückseigners. Wenn dieser die Pacht kündigt, könnte er verlangen, dass wir alles abreißen, und wir hätten nichts mehr. Wir fragen uns, wie Klaus dieses Risiko über 30 Jahre lang tragen konnte. Er erzählt, dass er schon mal versucht habe, das Grundstück zu kaufen, allerdings ohne Erfolg. Entsprechend wenig Hoffnung macht er mir, als ich ihn darauf anspreche. Aber auf meine Bitte hin vereinbart er einen Termin mit Heinrich, dem Nachbarn. Anders als von Klaus prophezeit, ist Heinrich sehr nett, stimmt dem Verkauf des Grundstücks zu und nennt auch gleich eine Hausnummer, was den Preis betrifft.

Klaus weiß jetzt, dass ich den Hafen übernehmen will und dem auch gewachsen bin. Ich kann es gar nicht richtig fassen. Als wir an einem Nachmittag mit seinen Freunden und den treuesten Kunden grillen, stellt er mich der Runde mit den Worten vor: »Das ist Ole, und er möchte mein Nachfolger werden.« Wir haben es geschafft, ein gutes Verhältnis aufzubauen. Besser als in diesem Moment wird es allerdings nicht mehr werden.

Unserem bisherigen Hafenmeisterpärchen in Harburg haben wir mittlerweile von unseren Plänen berichtet. Ihnen ist natürlich auch schon aufgefallen, dass ich nicht mehr allzu oft im Harburger Hafen mithelfe – nachdem ich bisher quasi die Vertretung für Björn war. Der ist darüber nicht sehr erfreut. Die Situation in Harburg wird irgendwie angespannter, teilweise unangenehm. Es gibt des Öfteren kleinere Streitereien, und wir versuchen, uns aus dem Weg zu gehen.

Der Schlepperkapitän unserer ersten Überführung ist bereits informiert und wartet nun, genau wie wir, auf die Erteilung der Baugenehmigung. Wie der Zufall es will, kommt diese Genehmigung genau in den zwei Wochen, in denen Björn im Urlaub ist. Wir beschließen, den Umzug trotzdem schnell durchzuziehen. Wir wollen endlich Nägel mit Köpfen machen.

Umzug ohne Kistenschleppen

März 2013

Mit einem Hausboot umzuziehen hat Vor- und Nachteile. Ganz klarer Vorteil: Wir müssen nichts packen und keinen einzigen Karton schleppen. Alles kann mehr oder weniger an seinem Platz bleiben. Unsere Umzugsvorbereitung sieht lediglich so aus, dass wir die Schranktüren zukleben und Regale zwar leer räumen, die Bücher aber in den Kartons vor dem Regal stehen lassen. Auf der Elbe kann auch mal ein bisschen Seegang sein, und dann würde uns hier vielleicht alles um die Ohren fliegen.

Der Nachteil ist: Der Umzug lässt sich nicht auf lange Sicht planen. Wir müssen spontan sein. Denn wir sind abhängig von Wetter, Wind und Tidenstand. Zwischen Wilhelmsburg und Harburg, den südlichsten Stadtteilen Hamburgs, überqueren vier unmittelbar nebeneinander liegende Brücken die Süderelbe. Bei Flut kommen wir mit unseren 5,50 Metern Haushöhe nicht unter diesen Süderelbbrücken durch – das geht nur bei Niedrigwasser. Wenn wir diese Hürde hinter uns gebracht haben, liegen noch knapp 13 Flusskilometer vor uns. Klingt erst mal nicht viel, dennoch können die es in sich haben. Bei zu starkem Wellengang oder zu starkem Wind wird es schwierig, unser Hausboot zu manövrieren.

Außerdem brauchen wir diesmal zwei Schlepper: einen vorne, der den Kurs angibt, und einen hinten, der schiebt. Beim ersten Mal, als wir das Boot aus Geesthacht abholten, hat ein Schlepper hinten ausgereicht. Der Kapitän konnte von seinem Führerhäuschen aus noch gut über die Bauversuche des Vorbesitzers hinwegsehen. Das ist jetzt nicht mehr möglich – das Haus versperrt die Sicht. Außerdem haben wir mit dem neuen Haus eine größere Angriffsfläche für den Wind geschaffen. Ein Schlepper allein würde es vielleicht nicht schaffen, das Boot gegen den Wind auszurichten.

Doch seit ein paar Tagen kündigen sich perfekte Bedingungen an, und wir haben spontan zwei Schlepper organisiert, die uns morgen abholen sollen. All unser Hab und Gut ist seetauglich verschnürt. Am nächsten Tag geht es los. Es ist komplett windstill und die Elbe liegt glatt da wie ein Spiegel. Wir passieren die Harburger Schleuse und erreichen bei Niedrigwasser die Süderelbbrücken. Ole steht vorne an Deck und beobachtet angespannt, wie die Brücke immer näher kommt. Es ist verdammt knapp. Ole hat nicht bedacht, dass sich die Höhe leicht verändert, sobald wir fahren. Denn das Schiff taucht durch die Fahrt hinten etwas tiefer ein und kommt vorne etwas weiter aus dem Wasser. Am Ende haben wir nur knappe 10 cm Luft zwischen Hausbootdach und Brückenkante. Schwein gehabt.

Die beiden Schlepper haben nicht mal die Geschwindigkeit gedrosselt. Sie setzen ihre Fahrt fort, als sei nichts gewesen. Wie von zwei Bodyguards abgeschirmt gleitet unser Haus über die Elbe. Die befürchteten Schwankungen durch Wind und Wellen bleiben Gott sei Dank aus; alles bleibt heil.

Zwei Stunden später passieren wir das Sperrwerk, wo das kleine Flüsschen Ilmenau in die große Elbe fließt. Auch hier passen wir gerade noch so durch mit unserer Höhe. Eine letzte Hürde muss unser Schlepper-Verband noch nehmen: die Haarnadelkurve in das Hafenbecken, eine 180-Grad-Wende gegen den Strom. Keine einfache Übung. Als wir in unseren neuen Hafen einlaufen, ist noch zu wenig Wasser im Hafenbecken. Das wird erst in den nächsten Stunden so weit auflaufen, dass wir mit unserem Hausboot bis ganz nach hinten ins Hafenbecken können. Für die erste Nacht machen wir also ganz vorne am Steg fest. Dort erwartet uns Klaus. Als endlich alle Fender und Tampen befestigt sind, wird mit einem »Einlaufbier« angestoßen.

Am nächsten Morgen stehen wir bei Sonnenaufgang auf. Wir müssen schnell sein und das Hochwasser nutzen, um unser Hausboot weiter nach hinten ins Hafenbecken an seinen hoffentlich endgültigen Liegeplatz zu ziehen. Zu zweit ziehen wir jetzt unser ganzes Haus durch das Hafenbecken, Ole vorne, ich hinten, jeder mit einem langen Tau in der Hand. Ich finde es immer wieder faszinierend, dass man im Wasser mehrere Tonnen praktisch mit dem kleinen Finger anstoßen kann und sie dann so lange in die entsprechende Richtung treiben, bis sie von irgendetwas oder irgendjemandem gestoppt werden.

Am Ende des Hafenbeckens angekommen, machen wir unser Haus fest und setzen uns mit einem dampfenden Kaffee auf den Steg. Wir beobachten, wie der Nebel vom Wasser aufsteigt, und genießen die Stille. Kein Lkw-Brausen, keine Maschinen, nur das Zwitschern der Vögel und der Wind in den Bäumen. Es ist noch kein Boot im Wasser, die Saison wird erst in ein paar Wochen beginnen. Trotzdem sieht schon alles so freundlich und einladend aus. Am Ufer sieht man schon die ersten Knospen, der Frühling steht in den Startlöchern – und wir auch.

Unser neues Zuhause

Die Ilmenau ist die Wasserverbindung zwischen Lüneburg und Hamburg. Sie entsteht in der Lüneburger Heide aus dem Zusammenfluss von Gerdau und Stederau und schlängelt sich dann in nördlicher Richtung über Bad Bevensen, Bienenbüttel und Lüneburg nach Winsen. Hinter dem Stöckter Hafen wurde 1974 zum Schutz vor Sturmfluten das Ilmenau-Sperrwerk errichtet. Hier, an der Mündung dieses kleinen Flusses in die Elbe, liegt der Yachthafen Ilmenau, unser neues Zuhause.

Es gibt einen Steg mit etwa 40 Liegeplätzen, der über eine flexible Brücke erreichbar ist. Flexibel deshalb, weil der Hafen stark tidenabhängig ist. Für jemanden wie mich, der im Süden Deutschlands aufgewachsen ist und nicht von klein auf mit dem Auf und Ab der Gezeiten konfrontiert war, ist das im ersten Moment schwer zu verstehen. Ebbe und Flut hatte ich immer mit der Nordsee verbunden. Dass es hier, gut 130 km landeinwärts, noch immer über drei Meter Tidenhub geben kann und ein Hafenbecken bei Niedrigwasser komplett flachfällt, war für mich absolut neu und faszinierend. In Harburg hatte die Schleuse für immer gleichen Wasserstand gesorgt. Hier bestimmt die Tide unseren Alltag. Mehr dazu weiter unten im Kapitel »Leben mit der Natur«.

An Land ist der Hafen vom Stöckter Deich eingefasst, der hier einen kleinen Bogen macht. Etwa 6000 Quadratmeter Rasenfläche und Schotterhof gehören zum Gelände. Auf der Wiese lagern im Winter die Boote. Außerdem gibt es einen kleinen Schuppen für den Trecker, eine Slipbahn und eine Winde, um die großen Boote herauszuziehen; ein Hafenhäuschen mit Aufenthaltsraum und Toiletten sowie eine improvisierte Werkstatt, bestehend aus drei zusammengezimmerten Containern. Auf den ersten Blick sieht alles urromantisch und gemütlich aus. Vielleicht ein bisschen altbacken und stehen geblieben, aber authentisch und paradiesisch ruhig. Auf den zweiten Blick sehen wir natürlich die Arbeit. Der Steg muss erneuert werden. Und überall auf dem Gelände entdecken wir versteckte Müllhalden, die entrümpelt und aufgeräumt werden müssen. Trotzdem: Keine Hürde, und sei sie noch so groß, kann uns jetzt noch von der Idee abbringen, dass wir hier unser eigenes Zuhause aufbauen wollen. Dieser kleine Hafen ist unsere Zukunft – komme, was da wolle.

Das erste Jahr im Yachthafen Ilmenau – und die erste Krise

2013/2014

Was mich an der Idee, den Hafen zu übernehmen, am meisten überzeugt hat, war die Tatsache, dass Ole dann endlich was Eigenes hätte. Seit ich ihn kenne, war er auf der Suche. Auf der Suche nach dem richtigen Job, nach mehr Freiheit und Unabhängigkeit, nach irgendetwas, das ihn ausfüllt, ihn herausfordert und glücklich macht. Und hier war die perfekte Lösung: ein kostenloser Liegeplatz für unser Hausboot und Oles eigener Betrieb. Er könnte handwerklich arbeiten, wäre mit den Booten nah an dem, was er mal gelernt hat, könnte mit der eigenen Werkstatt trotzdem noch andere Aufträge annehmen – und er wäre sein eigener Boss. Und ich? Ich träume eigentlich schon lange davon, nicht mehr jeden Tag in ein Büro in der Stadt zu pendeln. Schon länger mache ich mir Gedanken darüber, wie ich leben möchte, wenn wir Kinder haben. Am liebsten würde ich dann frei und von zu Hause aus arbeiten. Und was könnte es Schöneres geben als einen Arbeitsplatz mit Blick aufs Wasser? Es ist, als wäre das Ganze auf uns zugeschnitten.

Die große Unbekannte in dieser Gleichung ist allerdings Klaus, der bisherige Besitzer. Was will er genau haben für den Hafen, und vor allem: Wann will er verkaufen? Will er überhaupt an uns verkaufen? Das Jahr 2013 geht vorbei, und es hat sich nichts getan. Wenn wir ehrlich sind, sind wir ohne richtigen Plan hierhergekommen. Vielleicht hatten wir gehofft, dass Klaus den Spruch mit dem Kasten Bier doch ernst gemeint hat, vielleicht haben wir auch einfach auf ein Wunder gehofft. Denn selbst wenn Klaus jetzt sagen würde, wir könnten den Hafen morgen kaufen, wüsste ich nicht, woher wir das Geld dafür nehmen sollen. Würde uns eine Bank einfach einen Kredit dafür geben? Andere Leute in unserem Alter kaufen sich ein Haus und zahlen dieses über Jahrzehnte ab. In unserem Fall wäre das überzeugende Argument, dass es sich um einen Betrieb handelt, der immerhin seit vielen Jahren verlässlich Umsatz macht, der zum Abbezahlen genutzt werden könnte. Aber reicht das aus? Vor Klaus haben wir natürlich nie zugegeben, dass wir zweifeln, kreditwürdig zu sein, oder dass wir überhaupt nicht wissen, ob wir uns seinen Hafen leisten können. Unser naiver »Plan« hieß mal wieder: einen Schritt nach dem anderen. Erst mal hinziehen und dann weitersehen. Irgendwas wird sich schon ergeben. Hat doch immer geklappt.

Bald nach unserem Umzug schlage ich Klaus vor, den Hafen im Internet zu bewerben, um ihn auch vor der offiziellen Übernahme schon mal besser auszulasten, damit er sich etwas mehr rentiert. Nach seinem Okay setze ich den Hafen auf diversen Sportboot-Portalen ein und gebe meine Telefonnummer an – Klaus hat Bedenken, dass ihn zu viele Menschen anrufen würden.

Am Ende ist es die Homepage, die unser gutes Verhältnis ins Wanken bringt. Dort gibt es je ein Feld für »Hafenmeister 1« und »Hafenmeister 2«. Ich setze also Klaus als Hafenmeister 1 ein, ohne Telefonnummer, und mich als Hafenmeister 2, mit Telefonnummer. Tatsächlich melden sich auch immer wieder Interessenten für einen Liegeplatz, die ich direkt an Klaus weitervermittle. Super, denke ich, hätte nicht gedacht, dass das so einfach ist. Allerdings hätte ich auch nicht gedacht, welchen Eindruck meine Aktion bei Klaus' Familie hinterlässt. Für sie sieht es so aus, als spielte ich mich als Hafenmeister auf, obwohl mir noch gar nichts gehört und ich nichts zu sagen habe.

Mich wundern die Stimmungsschwankungen, die Klaus regelmäßig an den Tag legt: Abends haben wir noch gelacht und uns die Hand geschüttelt – und morgens begrüßt mich dann ein übel gelaunter Mensch, der nicht gerade konstruktive Kritik äußert. Als hätte ihm zu Hause jemand einen Floh ins Ohr gesetzt. Da mich das stutzig macht, bitte ich um ein Gespräch mit seiner ganzen Familie, damit wir uns endlich konkret über den Hafenkauf unterhalten und darüber reden können, welche Unstimmigkeiten es gibt.

Das Gespräch findet dann statt – mit Klaus, seiner Tochter, deren Mann und mir. Bevor ich allerdings das Gespräch auch nur eröffnen kann, werde ich schon dermaßen rundgemacht, dass es anschließend eigentlich kein Gespräch mehr über den Kauf gibt. Ich verstehe die Welt nicht mehr. Mittlerweile helfe ich seit mehreren Monaten kostenlos auf dem Gelände mit – und jetzt werde ich als unverschämter Wichtigtuer hingestellt. Alles scheine ich falsch zu machen – bis hin zur Harke, die ich mit den Zinken in die falsche Richtung hingestellt habe.

Am meisten bedauere ich, dass die Gespräche mit Klaus danach nicht mehr so auf Augenhöhe stattfinden wie vorher. Aus der Kiste Bier ist eine echt komplizierte Beziehungskiste geworden.

Sowohl Jills als auch meine Familie sichern uns finanzielle Unterstützung für unser Projekt zu. Wir wollen den Kauf baldmöglichst durchziehen, aber Klaus will gerne

CUSTOM MADE SHOP
Custon-Co
SOUTH SIDE R
98

Wir kaufen ein Hausboot! Der erste Eindruck (oben): Man braucht schon ein bisschen Phantasie. Wir kaufen es trotzdem! Leinen los (unten) und Kurs in Richtung Harburg.

Abriss und Rumpferneuerung. Die alte Hütte liefert uns immerhin noch Heizmaterial für zwei Winter (oben). 20 Tonnen können fliegen! (unten): Rumpf entrostet und mit neuem Anstrich.

Weißt du was? Ich bau uns was! Ole baut ein Haus auf dem Wasser – und überwindet dabei seine Höhenangst.
Unser Haus auf der Elbe mit voller Kraft voraus in Richtung Heimathafen (unten).

Angekommen! Unser neuer Liegeplatz im Yachthafen Ilmenau (oben und links). Aus zwei mach vier (unten rechts): Line und Morlin wachsen auf dem Wasser auf.

Wir sind Hafenmeister! Unser Zuhause wird immer gemütlicher (oben).
Das Bootfahren in die Wiege gelegt (Mitte), Yolas Sonnenplatz an Deck (unten links),
Hafenhochzeit (unten rechts)

Kindheit auf dem Hausboot: Sonnenaufgang über dem Wasser (oben), den Sonntag in Schwimmweste verbringen (unten links), Verstecken spielen zwischen Bootstrailern und danach abhängen mit Papa (unten rechts).

Geankert. Auf unserer Hafenbarkasse »Martha von Borsfleth« durch unseren Heimathafen tuckern und neue Pläne schmieden. Es wird nie langweilig.

noch »ein paar anstehende Arbeiten abschließen«, damit er den Hafen ordentlich übergeben kann. Wie es der Zufall will, treffe ich eines Morgens zwei Herrschaften mit Aktenordnern unter dem Arm auf dem Hafengelände. Ich frage also wie immer, ob ich irgendwie helfen könne. Und die Antwort überrascht mich dann doch sehr: »Wir sind vom geologischen Amt und sind wegen der Bodenuntersuchungen von vor vier Jahren hier. Wir haben einen Termin mit dem Betreiber, weil die Ergebnisse ja so schlecht waren.« Mir fällt einfach die Kinnlade runter. Eine sehr interessante Information, wenn man gerade kurz davor ist, das Gelände zu kaufen. Also bitte ich, an dem Gespräch teilnehmen zu dürfen. Es müssen weitere Bodenproben genommen werden, um die neuen Werte mit den damaligen zu vergleichen, weil sich die zinnorganischen Verbindungen eventuell abgebaut haben könnten. Sollte dies nicht der Fall sein, müsse man auf dem gesamten Gelände einen Bodenaustausch der oberen 10 cm durchführen, also auf knapp 6000 m^2. Auf meine Frage nach den Kosten hat keiner eine Antwort. Man müsse auf jeden Fall jeden Anhänger gesondert prüfen, um eine entsprechende Deponie zu bestimmen.

Nach diesem erschütternden Gespräch muss ich Klaus logischerweise mitteilen, dass wir den Kaufprozess bis zur Klärung der Sache auf Eis legen müssen. Von Verständnis gibt es aber leider keine Spur. Wieder ein Vorfall, der unser Verhältnis nicht gerade verbessert. In den folgenden Monaten ändert sich seine Meinung beinahe täglich. Einmal will sein Sohn Blumen auf dem Gelände anpflanzen und teilt uns dabei mit, der Hafen stehe nicht mehr zum Verkauf. Ein anderes Mal können nur WIR den Hafen nicht mehr kaufen. Plötzlich dann doch wieder, dann wieder nicht.

Und eines schönen Tages kommt dann unser Nachbar Heinrich, der Besitzer des Grundstücks, und erzählt mir, dass Klaus' Tochter in der Woche zuvor das Land von ihm gekauft habe – natürlich zu den zuvor mit uns ausgehandelten Konditionen. Ich bin sprachlos. Heinrich war davon ausgegangen, dass wir davon wüssten.

Weshalb sie diesen Schachzug gemacht haben, ist klar. Wenn wir gewollt hätten, hätten wir das Land, wie mit Heinrich vereinbart, einfach kaufen und Klaus die Pacht kündigen können. Rein rechtlich gesehen hätte uns damit schon alles gehört, was auf dem Land gebaut ist. Theoretisch hätten wir Klaus also dafür gar nichts mehr zahlen müssen. Er hätte alles verloren. Und natürlich lässt sich der Wert des Hafenbetriebs schwer berechnen. Aus Sicht der Tochter, die das Erbe ihres Vaters schützen wollte, können wir diesen Schritt also sogar nachvollziehen, auch wenn wir ihm das natürlich niemals angetan hätten. Aber das Misstrauen, das sich in diesem Nacht-und-Nebel-Manöver ausdrückt, schmerzt uns trotzdem.

Als ich Klaus damit konfrontiere, ist er erkennbar peinlich berührt und meint, wir könnten das Land ja von ihnen pachten. Uns wird klar: Die Familie will die Kontrolle behalten – und sei es nur, indem sie uns das Land verpachten und uns so in der Hand haben. Das kommt für uns allerdings nicht infrage. Kurze Zeit später werden dann die Bodenproben auf dem Gelände genommen, und es wird festgestellt, dass sich die Kontaminierung über die Jahre von selbst abgebaut hat. Darüber werden wir aber schon gar nicht mehr informiert. Der Traum vom Hafen ist plötzlich wieder in weite Ferne gerückt.

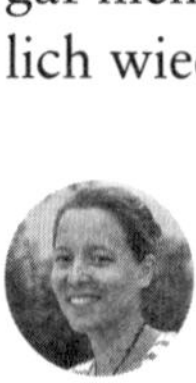

Als der erste Sommer in unserem kleinen Paradies zu Ende geht, kommen uns langsam Zweifel. An unserer Situation hat sich rein gar nichts geändert. Wieder leben wir hier in Abhängigkeit und von der

Gnade anderer. Ole muss für Klaus arbeiten, ist gefangen in einer Art »Schuld«, und wir müssen Liegegebühren bezahlen – letztlich genau wie in Harburg. Die einzig positive Veränderung ist der Ausblick aus dem Fenster. Doch der Preis dafür ist hoch. Ich muss jeden Morgen 45 Minuten mit dem Auto zur Arbeit und abends wieder zurück pendeln. Kaum wird das Ufer kahler und das Hausbootleben etwas ungemütlicher, verlässt mich wieder der Mut, und all der Enthusiasmus der vergangenen Monate ist verflogen. Zur selben Zeit erreicht mich die Nachricht, dass mein Vater im Sterben liegt. Wochenlang rückt alles andere in den Hintergrund. Ich verbringe so viel Zeit wie möglich bei meiner Familie in Süddeutschland und durchlebe die schlimmsten Wochen meines Lebens. Als ich im November als Halbwaise nach Hause zurückkehre, sind mir das Hausboot und der Hafen ziemlich egal. Am liebsten würde ich alles hinschmeißen.

Wir werden Eltern!

Dezember 2013

Erschöpft starre ich aufs Meer hinaus und nehme einen tiefen Atemzug der salzigen Seeluft. Ich glaube, ich war noch nie im Leben so müde. Auf der Suche nach neuen Protagonisten für eine Dokureihe bin ich mit einem Kollegen für ein Casting auf dem Darß. Die Halbinsel in der Ostsee ist atemberaubend schön, selbst jetzt im Winter. Oder vielleicht gerade deshalb. Es ist so ruhig, so wunderbar einsam. Ich stehe am Strand und komme mir vor, als wäre ich der einzige Mensch auf der Welt. Alles was ich höre, ist die sanfte Brandung, das Kreischen der Möwen über mir und der Wind, der durch die Dünen hinter mir fegt.

Da wir unser Casting draußen drehen, die Sonne aber schon gegen 16 Uhr untergeht, haben wir früh Feierabend gemacht, und ich bin mehr als dankbar dafür. Nach einem kurzen Spaziergang am Strand kuschele ich mich im Hotelzimmer in meine Bettdecke und chatte mit einer Freundin: »Ich weiß nicht, was mit mir los ist. Ich bin so melancholisch. Ja, da ist die Trauer um meinen Vater. Aber irgendwie fühl ich mich so seltsam, so schlapp. Ich möchte den ganzen Tag nur schlafen. Und essen! Ich habe ständig Lust auf Burger mit Pommes!« Ihre Antwort kommt prompt: »Schwanger?!«

Wie Schuppen fällt es mir von den Augen. Eine Sekunde lang setzt mein Herz aus. Dann breitet sich ein Grinsen auf meinem Gesicht aus. Ich hole meinen Kalender raus.

Keine Ahnung, warum ich das bisher nicht in Betracht gezogen habe, immerhin haben wir es seit Monaten darauf angelegt. Als wir im Frühling an unseren neuen Liegeplatz umzogen, mit der Aussicht, den Hafen zu übernehmen, haben wir beschlossen, dass wir nun bereit seien, eine Familie zu gründen. Nichts war auch nur im Ansatz in trockenen Tüchern. Aber für ein Kind gibt es bekanntlich nie den perfekten Zeitpunkt. Irgendwie hatten wir uns der Illusion hingegeben, angekommen zu sein. Und dann passierte natürlich: nichts. Die ersten zwei, drei Monate rechneten wir ständig mit der Nachricht, dass ich schwanger bin. Dann kam der Herbst und mit ihm der Abschied von meinem Vater. Alles andere verlor an Bedeutung und unsere Familienplanung geriet in Vergessenheit. Und jetzt, wo es schon länger kein Thema mehr war, trifft es mich wie aus dem Nichts. Ich versuche ruhig zu bleiben. Es ist bisher ja nur eine Theorie. Aber kaum ist der Gedanke da, bilde ich mir ein, es zu spüren. Und schon meldet sich das schlechte Gewissen. O Gott, ich war ja vorhin noch in der Sauna. Darf man das überhaupt schwanger? Und letztes Wochenende habe ich ordentlich einen über den Durst getrunken, als ich mit Freunden feiern war. Bin ich schuld, wenn das Kind behindert zur Welt kommt? Ich muss über mich selbst lachen. Ich weiß noch nicht mal, ob ich tatsächlich schwanger bin, und schon bin ich eine dieser Helikopter-Mamas, über die ich mich sonst lustig mache.

Auf der Fahrt nach Hause am nächsten Tag drehen sich meine Gedanken im Kreis. Meine Emotionen spielen völlig verrückt. Ich bin aufgeregt und freue mich wie ein kleines Kind vor Weihnachten. Gleichzeitig spüre ich eine tiefe Traurigkeit. Warum ausgerechnet jetzt? Wenn ich daran denke, dass mein Vater sein erstes Enkelkind so knapp verpasst haben könnte, kommen mir die Tränen. Schnell wische ich jeglichen Gedanken an ihn zur Seite. Dafür bin ich noch nicht bereit. Ich habe Angst.

Und natürlich mache ich mir Gedanken, ob wir der Herausforderung gewachsen sind, ein Kind großzuziehen. Diese Unsicherheit teilen wir sicherlich mit allen werdenden Eltern. Bei uns kommt aber noch hinzu, dass wir überhaupt nicht wissen, wie es weitergehen soll. Im Moment sieht es nicht danach aus, als ob der Hafenkauf noch klappen wird. Können wir trotzdem mit unserem Hausboot dortbleiben? Oder müssen wir es verkaufen und zurück in die Stadt? Je länger ich darüber nachdenke, desto mehr Fragen tauchen auf. Als ob wir im Moment nicht genug Baustellen hätten! Fast fühle ich mich schuldig gegenüber Ole, dass ich sozusagen ein weiteres Projekt mit nach Hause bringe, das uns neue Sorgen bereitet.

Ich habe einen Kloß im Hals, als ich an diesem Freitagabend mit Ole auf dem Sofa sitze. »Freu dich nicht zu früh, aber ich glaube, ich bin schwanger.« Neugierig beobachte ich seine Reaktion. Zu meiner Überraschung ist bei ihm keine Spur von der Angst oder den Sorgen zu sehen, die sich in mir seit gestern breitgemacht haben. Aber er hatte ja auch noch keine Zeit, sich zu viele Gedanken zu machen.

»Bist du dir sicher? Wie lange bist du drüber?«, fragt er skeptisch. Aber man sieht ihm an, dass er sich jetzt schon freut. »Fünf Tage. Ich weiß, das heißt noch lange nichts, aber da ist so ein Gefühl. Irgendwie weiß ich es.« – »Lass uns morgen einen Test machen und uns dann freuen!«, schlägt er vor.

Am nächsten Morgen hole ich Brötchen und einen Schwangerschaftstest. In den Filmen sieht man immer, wie die Frauen ungeduldig die angegebenen Minuten bis zum Ergebnis warten und sich dann langsam diese blaue Linie bildet, die dir sagt, dass sich dein Leben ab jetzt für immer verändern wird. Bei mir taucht diese schicksalsträchtige blaue Linie bereits auf, während ich noch auf den Teststreifen pinkele. Eindeutiger geht es wohl nicht. Mit zitternden Händen mache ich den Deckel wieder auf den Test und rufe Ole. Der kommt mir mit einem breiten Lächeln entgegen: »Na, positiv?« Er hat es wohl an meiner Stimme gehört. Wir fallen uns in die Arme, und er tröstet mich. Ohne Worte versteht er, was jetzt in mir vorgeht. »Vielleicht ist es ganz gut, dass er es verpasst hat. Stell dir mal vor, das wäre schon vor ein paar Wochen passiert und du hättest dich schwanger von ihm verabschieden müssen. Der Abschied wäre ihm nur noch schwerer gefallen mit dem Gedanken, dass er sein Enkelkind so knapp verpasst. So ist es wie ein Zeichen für einen Neuanfang! Und mach dir keine Sorgen. Wir kriegen das schon hin!«

Jetzt oder nie!

Januar 2014

Das Wissen um die Schwangerschaft setzt uns eine neue Frist. Wir spüren die Verantwortung, die wir von nun an tragen, und wir wissen: So wie bisher kann es nicht weitergehen. Wir brauchen endlich Klarheit darüber, wo, wie und wovon wir leben werden. Hinzu kommt, dass nur ich eine Chance auf den nötigen Kredit bei der Bank habe. Ole als Selbstständiger braucht es gar nicht erst zu versuchen. Meine Arbeitsverträge sind aber immer nur auf ein Jahr befristet, und der aktuelle läuft im Juni aus. Da ich nachweisen kann, dass ich die letzten beiden Jahre jeweils eine Verlängerung erhalten habe und ein weiterer Jahresvertrag auch dieses Mal absehbar ist, habe ich gute Chancen, dass die Bank mir den Kredit bewilligt. Das klappt aber nur, wenn sie keinen Wind davon bekommen, dass ich im August Mutter werde und deshalb mit Sicherheit keinen weiteren Arbeitsvertrag mehr bekommen werde. Dann wären alle Chancen auf den Hafenkauf dahin. Der muss zwingend in den nächsten paar Wochen über die Bühne gehen, solange man mir die Schwangerschaft noch nicht ansieht.

Wir setzen alles auf eine Karte und sagen Klaus, dass wir jetzt die feste Zusage brauchen, dass wir den Hafen und das Land kaufen können. Wir vereinbaren ein Treffen mit ihm und seiner Frau im kleinen Hafenhäuschen. Mit klopfenden Herzen begrüßen wir die beiden. An ihren verschlossenen und grimmigen Gesichtern können wir schon sehen, dass es kein einfaches Gespräch wird. Und wie wir es befürchtet hatten: Die Fronten sind verhärtet. Über die Monate hat sich immer mehr Frust und Enttäuschung bei ihnen aufgebaut. Und bei uns. Trotz aller Mühen konnten wir es ihnen nicht recht machen. Für die Frau war Ole ohnehin von der ersten Minute an ein junger Schmarotzer, der ihren Mann über den Tisch ziehen will. Sie vertraut uns nicht, hat das Gefühl, dass wir uns etwas unter den Nagel reißen wollen, das uns nicht zusteht. Während des ganzen Gesprächs sitzt sie uns mit verschränkten Armen gegenüber. Ole versucht die Wogen zu glätten. Aber im Grunde ist völlig egal, was er alles getan hat, wie viel Mühe er sich auch gegeben hat. Diese Frau hat ihr Urteil über ihn schon in den ersten Minuten gefällt und war nicht vom Gegenteil zu überzeugen.

Klaus hingegen scheint hin- und hergerissen. Einerseits weiß er, dass er keinen besseren Nachfolger als Ole finden wird, auf der anderen Seite fällt es ihm schwer loszulassen. Er ahnt, dass Ole einiges anders machen wird, und das gefällt ihm nicht. Zudem sind die beiden sehr unflexibel: Ein Eigentümerwechsel stehe grundsätzlich nur zum Jahreswechsel zur Debatte. Für dieses Jahr sind wir also wenige Wochen zu spät dran. Eine Übernahme kommt für sie frühestens zum nächsten Jahr infrage. Basta. Im Bruchteil einer Sekunde brechen all unsere Träume und Pläne in sich zusammen wie ein Kartenhaus. Denn ein weiteres Jahr warten kommt für uns nicht infrage. Abgesehen davon, dass wir die Situation mit Klaus und die Unsicherheit nicht noch ein weiteres Jahr aushalten, geht es auch praktisch nicht, wie oben geschildert.

Hand in Hand gehen wir die Brücke runter zum Hausboot, schließen die Tür hinter uns und fallen uns in die Arme. Einen langen Moment sagen wir nichts. Ich glaube, jeder von uns ist damit beschäftigt, sich von der Zukunft zu verabschieden, die wir uns schon so schön ausgemalt hatten. Ole ergreift als Erster das Wort: »Dann eben nicht. Das Gute ist doch, dass wir jetzt endlich Klarheit haben und dieses Kapitel abschließen können! Jetzt können wir uns darauf konzentrieren, eine Alternative zu finden. Wie wäre es mit einem Baumhaus?«

Lachend wische ich mir eine Träne aus dem Gesicht. Ich bin unendlich traurig. Gleichzeitig aber verspüre ich heimlich auch eine gewisse Erleichterung. Die Verantwortung, ein Kind großzuziehen, fühlt sich schon riesig an. Nun bleibt uns wenigstens erspart, gleichzeitig noch Verantwortung für einen Betrieb zu übernehmen. Ganz ehrlich: Im Moment finde ich den Gedanken, alles aufzugeben und in eine kleine, normale Mietwohnung zu ziehen, sehr verlockend. Aber ich war ja schon immer der Angsthase in unserer Beziehung. Und im Moment käme es mir natürlich besonders gelegen, zurück in meine Komfortzone zu kriechen. Hashtag »Nestbau«. (Dass wir beim Thema Wohnungssuche wieder genau da anfangen müssten, wo wir vor drei Jahren aufgegeben haben, verdränge ich in diesem Moment.)

Ole wird an diesem Rückschlag jedenfalls sehr viel mehr zu knabbern haben. Für mich und das Kind wird er seine Selbstständigkeit aufgeben und einen Job suchen, aber so richtig glücklich wird er damit bestimmt nicht.

Plötzlich klopft es an der Tür. Es sind nur zehn Minuten vergangen seit unserem Gespräch da oben im Hafenhäuschen. Aber es waren zehn Minuten, in denen unser kompletter Lebensentwurf einmal auf den Kopf gestellt wurde. Wir schauen uns an, und unsere Herzen fangen wieder wie wild an zu pochen. Ole öffnet Klaus die Tür. Zerknirscht kommt er gleich zur Sache: »Also gut. Meine Frau ist zwar dagegen, aber ich mach das jetzt. Sonst wird das ja nie was. Zum Quartalswechsel könnt ihr den Hafen übernehmen.« So grummelig und widerwillig er da in der Tür steht – in diesem Moment tut er mir leid und ich könnte ihm gleichermaßen vor Mitleid, Dank und Freude um den Hals springen. Als er wieder weg ist, sind Ole und ich völlig durch den Wind. Nun also doch. Was für eine Gefühlsachterbahn!

Einige Wochen später, ich bin gerade im vierten Monat schwanger, sitzen wir geschniegelt und gebügelt bei der Bank. Ole so sauber und mit Jackett zu sehen bringt mich zum Lachen, also vermeide ich, zu ihm rüberzusehen, damit ich nicht laut losprusten muss. Gott sei Dank ist Winter und ich falle nicht auf mit meinem weiten Pulli, unter dem ich die kleine, stetig wachsende Kugel verstecke. Ich fühle mich richtig mies. Obwohl ich weiß, dass es nicht das Geld dieses freundlichen Bankberaters ist, das wir leihen wollen, sondern das der großen Bank, für die er arbeitet, fühle ich mich, als würde ich ihn persönlich hinters Licht führen. Im Grunde tun wir nichts Unrechtes. Wir erschleichen uns nichts, von dem wir nicht wüssten, dass wir es auch ohne mein Gehalt abbezahlen können. Der Plan war von vornherein, dass der Kredit auch ohne mein Zutun, mit den Einnahmen des Hafens, abbezahlt wird – unabhängig davon, was wir beide dazuverdienen. Trotzdem ist in den formalen Kreditbedingungen jeder Bank eine Sicherheit wie der Arbeitsvertrag unumgänglich. Die Tatsache, dass mein befristeter Arbeitsvertrag überhaupt ausreicht, wundert mich. Was das angeht, scheinen die Banken mit der Zeit zu gehen, sonst würden sie ihr Geld vermutlich überhaupt nicht mehr loswerden.

Die seit Jahren konstanten (wenn auch mageren) Betriebseinnahmen des Hafens, mein kleines Eigenkapital und nicht zuletzt meine Arbeitsverträge der letzten Jahre überzeugen den Bankberater schließlich. Der Kredit wird uns gewährt, und der Kauf kann über die Bühne gehen. Klaus' Tochter verkauft uns das von ihr erst vor Kurzem erstandene Grundstück natürlich gewinnbringend. Aber das ist uns egal. Hauptsache, wir können das alles hinter uns lassen.

Noch mal einige Wochen später müssen wir uns morgens kneifen. Aber es ist kein Scherz: Als am 1. April 2014 die ersten Krokusse und Narzissen ihre Köpfe durch den Schnee stecken, beginnt für uns ein neues Leben als Hafenbetreiber.

Wir sind Hafenmeister!

Den Hafen zu übernehmen ist für mich die Chance, meine Selbstständigkeit zu konkretisieren. Was es allerdings bedeutet, einen Betrieb mit Kundenstamm zu betreiben, habe ich mir vorher (zum Glück?) nie so richtig klargemacht. Von Anfang an versuchen wir, den Hafen sehr familiär zu betreiben und freundschaftlich mit den Kunden umzugehen. Das hat seine Vorteile, aber es verursacht auch Probleme, wie wir schnell feststellen müssen. Vor allem, weil viele der Kunden sehr viel älter und schon seit vielen Jahren hier sind. Sie müssen erst mal damit klarkommen, sich den neuen Regeln eines »Jungspunds« anpassen zu müssen. Den Respekt muss ich mir bei vielen erst erarbeiten.

Ich habe einen Plan gemacht, was wir in den ersten fünf Jahren schaffen müssen und wollen. Im Vordergrund steht für mich die Instandsetzung der Anlage. Der Steg hat so viele morsche Stellen, die einfach mit Riffelblech abgedeckt wurden, dass allein dieser Part schon enorm viel Zeit in Anspruch nimmt. Zur Befestigung der Stegbohlen wurden lange, verzinkte Vierkantnägel benutzt. Sie sollten den Steg offenbar auch in einem Atomkrieg zusammenhalten, und es war erkennbar nie geplant, dass die jemals wieder rauskommen. Außerdem ist es größtenteils nicht damit getan, die Bohle zu tauschen, die obendrauf liegt. In den meisten Fällen ist auch die Unterkonstruktion morsch. Alles, was aus Holz ist, hat nach dreißig Jahren freier Bewitterung einfach seine Zeit hinter sich.

Dieses riesige Gelände zu verwalten und instand zu halten ist alleine fast nicht möglich, vor allem, wenn der Umsatz so gering ist wie in unserem Hafen. Eine unserer ersten Amtshandlungen muss also eine Anpassung der Liegeplatzgebühren an die heutige Zeit sein. Gar nicht so einfach, auf all die Fragen zu antworten, die einem plötzlich gestellt werden. Zum Teil habe ich das Gefühl, die Bootseigner fühlten sich persönlich angegriffen. Wahrscheinlich wäre manches leichter durchsetzbar, wenn wir autoritär aufträten statt freundschaftlich – aber das liegt uns einfach nicht. Einige der alten Kunden verlassen uns nach der Preisanpassung. Aber es kommen schnell neue nach – und erstaunlicherweise sinkt der Altersdurchschnitt dadurch dramatisch.

Das erste Jahr als Hafenbetreiber widme ich hauptsächlich der Neugestaltung der Werkstatt und der Instandsetzung des Geländes. Nebenbei mache ich außerhalb noch ein paar Jobs wie Ladenausbauten und Montagen, um unsere Kasse aufzubessern. Wirtschaftlich gesehen ist es eigentlich völliger Blödsinn, diesen Hafen zu betreiben. Rechnet man allerdings die eingesparten Wohnkosten und die Nutzung der ebenfalls mietfreien Werkstatt dagegen, rechnet es sich für uns durchaus. Zumal wir uns um steigende Mieten keine Sorgen mehr machen müssen.

Der Jahresrhythmus ist eigentlich immer ähnlich. Anfang des Jahres muss der Hof auf Vordermann gebracht werden. Das heißt, Bäume müssen beschnitten und die Winterschäden am Steg repariert werden; dazu kommt die eine oder andere Arbeit, die man nur machen kann, wenn die Boote nicht im Wasser sind. Im Frühjahr gehen dann die Boote zu Wasser: Saisonbeginn für die Freizeitkapitäne. Die Besitzer der kleinen Boote machen das größtenteils ohne meine Hilfe, bei den mittleren Booten assistiere ich mit dem Traktor. Und die größeren Pötte muss ich mit der Dieselwinde reinlassen. Ich habe immer ein mulmiges Gefühl, so eine 15-Meter-Yacht zu Wasser zu lassen und zu sehen, wie sie auf dem kleinen Trailer (für Laien: Bootsanhänger) hin- und herschaukelt. Allerdings gibt es bei mir keine Hauruck-Entscheidungen. Wenn das Wasser nicht hoch genug ist oder das Boot nicht richtig liegt, dann breche ich den Vorgang ab. Egal, was der Eigner sagt. Ein »Komm, das passt schon« wird nicht akzeptiert.

Pleiten, Pech und Pannen

Im Sommer, wenn alle Boote im Wasser sind und an ihrem Platz liegen, mache ich in der Regel Restaurationsarbeiten an Booten, repariere den einen oder anderen Motor oder mache kleinere Reparaturen für unsere Kunden. Es ist wirklich erstaunlich, wie viele Bootsbesitzer auf der Elbe jährlich über die Staggs fahren. Die Staggs sind aufgehäufte Steinwälle, welche vom Ufer bis weit in die Elbe hineinragen. Bei niedrigen Wasserständen sind sie gut zu sehen, bei höheren liegen sie allerdings unter Wasser. Aber die Fahrrinne ist durch Tonnen gut sichtbar markiert. Nur scheint das manch einer nicht so genau zu nehmen. Zigmal im Jahr hören wir die Sirene der Feuerwehr des benachbarten Örtchens Hoopte, die mal wieder mit ihren Booten ausrücken muss, um einen der havarierten Sportbootpiloten zu bergen. Und bisweilen handelt es sich dabei auch um einen unserer Kunden.

Um das Spektakel eines Feuerwehreinsatzes zu vermeiden, rufen manche Bootseigner mich – gerne auch mal mitten in der Nacht – wegen eines solchen Vorfalls direkt an. Doch auch wenn ich gerne helfe und mit unserer Barkasse für sie rausfahre, ist nicht gesagt, dass ich wirklich etwas tun kann. Manchmal muss ich schon von Weitem dazu raten, doch die Feuerwehr anzurufen, da das Boot schon hoch und trocken liegt. Da es sich um eine freiwillige Feuerwehr ohne Bereitschaftsdienst handelt, bedeutet das aber zugleich, dass immer sofort die ganze Wehr anrückt – jeder, der gerade verfügbar ist. Dem Bootseigner ist also klar, dass um die 40 Feuerwehrleute anrücken und zum Teil vom Ufer aus Videos für ihren YouTube-Channel drehen. Nicht selten sammeln sich größere Menschengruppen auf dem Deich, um das Spektakel zu beobachten. Wir haben schon Leute gesehen, die ihre Picknickdecke auspackten und das Ganze mit Klappstuhl und Grill verfolgten. Peinlich für die Skipper, aber in den meisten Fällen auch das letzte Mal, dass sie die Betonnung nicht ernst genommen haben.

Durch den Hafen hat sich meine selbstständige Tätigkeit komplett verändert. Ich bin plötzlich eine Anlaufstelle für Leute mit Interesse an Booten oder dem Hafen. Um zu wenig Arbeit muss ich mich nie sorgen, und ich merke, dass mir vieles über den Kopf wächst. Ich sehe ähnlich wie auf unserem Hausboot überall die Baustellen. Keine Frage: Ich verzettele mich heftig in unserem ersten Jahr. Aber solange ich keine Idee habe, wie ich das ändern kann, muss ich wohl verzettelt weitermachen. Und das meiste Geld lässt sich für mich tatsächlich außerhalb des Hafens verdienen, deshalb nehme ich weiterhin Montagejobs und Ladenausbauten an. Zeitweise mache ich im Hafen nur das Nötigste und bin oft nicht da.

Eines Tages komme ich von der Arbeit zurück auf den Hof und wundere mich, dass die Zündung meiner Dieselwinde an ist. Nach genauerem Hinschauen stelle ich fest, dass der Draht komplett wirr aufgewickelt ist, ein gekapptes Kabel über der Winde hängt und einer der riesigen Keilriemen verkehrt herum auf der Riemenscheibe liegt. Klar, da war jemand an der Winde! Jill, die gerade frisch im Mutterschutz und deshalb zu Hause ist, berichtet mir, was da los war über den Tag – und ich kann es gar nicht glauben. Ein älteres Brüderpaar wollte sein klassisches Eichenboot zu Wasser lassen, wobei der Bootsanhänger an einem Mercedes Vito hing. Das Problem bei Holzbooten ist, dass sie erst einmal aufquellen müssen, um überhaupt schwimmfähig zu werden. Damit es aufquellen kann, muss man das Holz feucht halten. In Skandinavien hängt man die Boote deshalb an Gurten ins Wasser und wartet einfach, bis alles dichtgequollen ist. Diese Möglichkeit haben wir leider nicht. Deshalb muss man das Boot mit dem Gartenschlauch immer wieder von innen volllaufen lassen, bis das Wasser irgendwann nicht mehr durch die Ritzen im Holz rausläuft. Wenn nichts rausläuft, läuft auch nichts mehr rein. Den Brüdern ist dieses Verfahren wohl nicht bekannt. Ein Bruder ist also der Einweiser, der andere Bruder fährt den Mercedes Vito rückwärts die Slipbahn runter. »Weiter, weiter, weiter … Stopp. Stopp! Hey, stoopppp!«, so die Kommandos des Einweisers. Der Bruder fährt nur leider einfach weiter. Und zwar so lange, bis er in seinem doch relativ hoch liegenden Vito nasse Knie bekommt. Problematisch bei einem Holzboot, das nicht dichtgequollen ist: Der Wasserstand im Inneren des Bootes steigt genauso wie außen. Das Prinzip Sieb. Dadurch ist das Boot natürlich voll mit Wasser und somit auch schwerer. Genau um so viel schwerer, wie das Wasser im Boot wiegt. Also schafft es der Vito nicht mehr, das Boot wieder aus dem Wasser zu ziehen. Dazu kommt, dass der Pegelstand im Hafenbecken noch steigt, was die Situation für den Fahrer auch nicht besser macht. Die rüstigen Rentner entscheiden also, das Auto mitsamt Boot einfach mit der Dieselwinde herauszuziehen. Sieht ja ganz einfach aus, wenn Klaus oder Ole die Winde bedienen. Allerdings sollte man schon wissen, wie die Winde funktioniert. Fakt ist, dass der schlackernde Keilriemen das stromführende Kabel gekappt hat, das dann wiederum den Keilriemen hat umspringen lassen. Das Auto haben die Herren mithin nicht herausziehen können. Aber da sie nicht doof sind, ist ihnen bewusst, dass der

Motor bestimmt nicht mehr anspringt, wenn man ihn einmal ausmacht. Also lassen sie das Auto einfach für ein paar Stunden – mit dem Motor halb im Wasser – laufen, bis das Niedrigwasser einen Stand erreicht hat, bei dem das Holzbootsieb wieder frei vom Wasser ist. Dann ziehen sie das Boot raus, fahren mit dem Auto noch nach Hause – und stellen am nächsten Morgen fest, dass es wohl doch ein Totalschaden ist. Immerhin haben die beiden Humor und haben mir ein Foto von ihrem Abenteuer zukommen lassen. Seit diesem Vorfall liegt der Schlüssel für das Windenhaus nicht mehr frei zugänglich unter dem Dach.

Unsere Slipanlage hat tatsächlich einiges zu bieten. Es gab schon öfter die Überlegung, eine Kamera aufzustellen und ein jährliches Best-of herauszubringen. Die Leute kommen auf die ausgefallensten Ideen. Eines Tages kam ein Bootseigner, dessen Liegeplatz in einem anderen Hafen ist, zu uns, weil er sein Boot zu Wasser lassen wollte. Leider hatte er wohl versäumt, auf den Gezeitenkalender zu schauen – oder er wusste schlicht nicht, dass unsere Slipbahn bei Niedrigwasser nicht nutzbar ist. Unser Hafen ist dann ein einziges Matschloch. Der Normalkunde wartet also, bis das Wasser wieder aufläuft beziehungsweise kommt einfach noch mal zu einer besseren Zeit wieder. Dieser Kunde wollte sein Boot aber um jeden Preis sofort vom Anhänger bekommen, also setzte er eine pfiffige Idee auch gleich in die Tat um: Er löste das Boot komplett vom Anhänger, sodass es einfach nur obendrauf lag. Und dann fuhr er mit einem Affenzahn rückwärts die Slipbahn hinunter und bremste am Ende stark ab. Sein Plan ging auf! Das Boot flutschte nur so vom Anhänger und, *platsch*, in den Modder. So weit, so gut, Boot war geslippt, könnte man sagen. Leider war es so weit geflogen, dass er durch den Matsch waten musste, um an Bord zu gelangen. Und außerdem schwamm es halt nicht, weil ja kein Wasser da war. Also musste er wohl oder übel trotzdem warten, bis das Wasser wiederkam. Definitiv ein Highlight in unserer Best-of-Sammlung der Slipbahn-Storys.

Bootseigner sind ohnehin eine Spezies für sich. Ein neues europäisches Gesetz besagt, dass jetzt Boote mit einer Motorisierung bis 15 PS führerscheinfrei gefahren werden dürfen. Bis vor Kurzem waren es noch 5 PS. Die Folge dieser Neuregelung ist, dass sich viele Leute, die schon immer von einem Boot geträumt haben, im Rentenalter diesen Traum erfüllen können, ohne noch einmal für eine Prüfung lernen zu müssen. Problematisch ist nur, dass sie oft keinerlei Erfahrung haben – und es mit ihrer Beweglichkeit oft auch nicht mehr allzu weit her ist. Vor einiger Zeit bekam ich einen Anruf von der Feuerwehr Hamburg: Einer unserer Kunden (auf den die oben angeführte Beschreibung ganz gut zutrifft) sei wohl mit seinem Boot untergegangen. Grund hierfür war, dass er den Anker ausgeworfen hatte. Und zwar mitten in der Elbströmung. Die von hinten kam. Und so konnte er lernen, warum Boote vorne spitz zulaufend gebaut sind: So kann das Wasser, das von vorne drückt, sich nicht aufstauen. Setzt man aber das gerade Heck eines kleinen Bootes der Elbströmung aus, staut sich das Wasser bis knapp unter die Bordkante. Und als der gute Mann nun auf die Idee kam, seine Fenster zu putzen, sorgte die Gewichtsverlagerung dafür, dass das Boot sich zur Seite neigte und durch die überschwappende Welle innerhalb von Sekunden volllief. Der betagte Hobbyskipper klammerte sich also an ein Stückchen seines Bugkorbes und harrte dort aus, bis ein Spaziergänger an Land realisierte, dass es sich dabei nicht um ein neues Seezeichen oder ein Kunstobjekt handelte, sondern tatsächlich um eine Person in Seenot. Die Feuerwehr kam und brachte das havarierte Boot und den sichtlich bestürzten Mann in den sicheren Hafen. Dessen Ehefrau verhängte nach diesem Vorfall ein vorübergehendes Fahrverbot für ihren Mann.

S.O.S.?
Mit Kleinkind auf dem Hausboot

»Habt ihr schon eine Wohnung gefunden?« oder: »Und was macht ihr jetzt mit dem Hausboot?« – diesen und ähnlichen Fragen begegnen wir fast täglich, seit man mir ansehen kann, dass wir bald ein Kind bekommen werden. Für viele Menschen steht fest, dass ein Leben auf dem Hausboot nicht kindersicher ist. Komischerweise habe ich mir darüber kaum Gedanken gemacht, bis ich ständig darauf angesprochen wurde. Für mich war immer klar, dass ich mal eine Familie mit Kindern haben wollte, und zwar gerne noch, bevor ich 30 werde. Hätte ich mir ein Leben mit Kindern auf dem Hausboot nicht vorstellen können, hätte ich vor drei Jahren nie zugestimmt, eins zu bauen.

Vor allem ältere Frauen reagieren schockiert, fast vorwurfsvoll, wenn sie hören, dass wir unser Kind auf dem Wasser großziehen wollen. »Viel zu gefährlich! Ihr habt ja keine Ahnung, wie schnell so ein Kind im Wasser landet! Ihr habt ja noch kein Kind, wartet nur ab! Nur eine Sekunde weggeschaut und schon ist es zu spät!« Das Einzige, was all diese Ermahnungen bei mir bewirken, ist Trotz. Jetzt erst recht! Mit unerbetenen Ratschlägen konnte ich schon immer schlecht umgehen. Ja, ich werde das erste Mal Mutter. Und nein, ich weiß noch nicht, wie das ist, 24 Stunden für ein Baby oder Kleinkind verantwortlich zu sein. Aber ich werde es herausfinden. Genau wie ihr. Und dann werde ich schon sehen, ob ich mir das zu einfach ausgemalt habe. Immerhin wird das Neugeborene ja nicht am ersten Tag aufstehen und zur Tür hinausspazieren, um sofort ins Wasser zu fallen. Es wird – genau wie wir – in die Situation hineinwachsen. Es wird mit der Gefahr und dementsprechend mit den Grenzen aufwachsen. Und genauso wenig, wie ein einjähriges Kind, das gerade laufen lernt, in der Stadt allein zur Haustür raus darf, weil es dort überfahren werden könnte, darf unser Kind allein zur Tür raus, weil es ins Wasser fallen könnte. Die ersten drei Jahre im Leben eines Kindes ist es immer und überall darauf angewiesen, dass Erwachsene es im Blick haben. Es könnte sich verschlucken, überfahren werden, aus dem Fenster fallen oder eben auch ertrinken. Und je nachdem, wo es aufwächst, ob in der Großstadt, auf dem Bauernhof, im Dschungel oder auf einem Hausboot, wächst es mit spezifischen Gefahren auf, die es sozusagen mit der Muttermilch aufsaugt. Im Mekongdelta in Vietnam gibt es ganze Dörfer, Märkte und Schulen, die auf dem Wasser gebaut sind. Die Kinder dort fahren von klein auf mit Booten zur Schule. In vielen Regionen der Welt ist das völlig selbstverständlich. In Venedig kann man keine fünfzig Meter gehen, ohne an einen Kanal zu kommen – und nirgends stehen Kindersicherungs-Geländer. Und ich verstehe auch nicht, weshalb das Leben *auf* dem Wasser für Kinder gefährlicher sein soll als *am* Wasser. Nur wenige Meter entfernt von unserem Hafen stehen die ersten Häuser, direkt am Deich. Alle Kinder hier wachsen mit der Nähe zum Wasser auf und lernen schon in jungen Jahren den respektvollen Umgang damit.

Ich glaube, man vermittelt seinen Kindern ganz intuitiv, welche Gefahren in der Welt lauern, in der sie aufwachsen. Andere Gefahren wiederum spielen für das eigene Umfeld keine so große Rolle. Das wird mir einige Jahre später bewusst: Line ist gerade drei geworden. Ich sitze mit einer Freundin und ihrem Sohn in Hamburg auf einem völlig überfüllten Spielplatz. Unsere zweite Tochter Morlin lernt gerade laufen. Line rennt über den ganzen Platz und verschwindet immer mal wieder kurz aus meinem Blickfeld. Als ich merke, wie schwer es mir fällt, in diesem Trubel meine beiden Kinder gleichzeitig im Auge zu behalten, fällt mir plötzlich siedend heiß ein, dass ich völlig vergessen habe, meiner Tochter einzuschärfen, dass sie nie mit einem Fremden mitgehen darf! Weil wir sonst nie auf Spielplätzen sind, weil wir so gut wie nie an solchen überfüllten Plätzen mit so vielen fremden Menschen sind. Für Stadtkinder ist das – gleich nach »niemals auf die Straße rennen!« – so ziemlich das Erste, was sie lernen: Gehe nie mit einem Fremden mit, egal, was er dir verspricht! Für unsere Tochter, die im Hafen täglich mit vielen Kunden zu tun hat, sind Fremde nichts Bedrohliches. Sie ist ein sehr offenes Kind, das gerne auf Fremde zugeht und vermutlich arglos darauf eingehen würde, wenn ihr jemand die vielbeschworene Schokolade oder ein Häschen verspräche. Und so wird mir klar, dass ich bisher vergessen habe, sie auf die Welt da draußen vorzubereiten – und darauf, dass es auch andere Gefahren als das Wasser gibt. Dafür bleibt sie völlig selbstverständlich an der Brücke stehen und streckt ganz automatisch die Hand nach meiner aus, wenn wir den Steg entlangspazieren.

Wie sehr sie das verinnerlicht hat, wird mir klar, als wir eines Abends noch mit Freunden am Ufer sitzen. Es ist schon dunkel, und die Kinder schlafen. Natürlich haben wir ein Babyphon mit, und wenn Morlin sich meldet, geht einer von uns nachsehen. Was wir nicht bedacht haben: Line ist mittlerweile aus dem Alter raus, dass sie einfach nur weint und nach uns ruft, wenn sie aufwacht. Stattdessen krabbelt sie aus ihrem Bett und macht sich auf die

Suche nach uns. Als sie unser Bett leer vorfindet und auch im Wohnzimmer alles dunkel und verlassen ist, zieht sie ihre Schuhe an, öffnet zaghaft die Haustür, macht einen Schritt nach draußen, lässt aber die Türklinke nicht los und ruft nach uns.

Sofort komme ich die Brücke runter und nehme sie auf den Arm. Es dauert mehrere Minuten, bis ich sie beruhigen kann, so sehr weint sie. »Was ist denn los, mein Schatz? Ist doch alles gut, ich bin doch hier! Entschuldige, dass wir nicht da waren, das hat dir sicher Angst gemacht! Wir waren nur auf der Terrasse oben!«

Schluchzend und schniefend antwortet sie: »Nein, ich hatte keine Angst, weil ihr nicht da wart!« – »Nein? Hattest du nicht?«, frage ich verwundert. »Nein! Aber es tut mir so leid, Mama. Ich weiß doch, dass ich die Tür nicht allein aufmachen darf! Aber es war so dunkel und ich wollte wissen, wo ihr seid, und ihr habt mich nicht gehört, als ich gerufen hab, da *musste* ich die Tür aufmachen!« So tief verwurzelt ist diese Grenze in ihr. Sie weint nicht vor Angst, weil sie allein war. Sie weint, weil sie sich schuldig fühlt, gegen die oberste Regel verstoßen zu haben. Gerührt und voller Stolz auf unser tapferes kleines Mädchen drücke ich sie an mich und bringe sie zurück ins Bett.

Nein, ich mache mir keine Sorgen, dass wir unsere Kinder in einer gefährlichen Umgebung großziehen. Mehr Geborgenheit und Sicherheit als an diesem Ort kann ich mir kaum vorstellen.

Auf dem Wasser, auf dem Land

Wir wohnen jetzt nicht nur auf dem Wasser, sondern auch auf dem Land. Und dieser Umzug von Hamburg nach Stöckte hat in mir sehr gemischte Gefühle ausgelöst. Einerseits war für mich immer klar, dass ich meine Kinder nicht in einer Großstadt aufwachsen lassen würde. Ich hatte selbst eine unbeschwerte Kindheit auf dem Land und habe mir immer vorgestellt, wie meine eigenen Kinder später auch mal durch Wälder streifen und in den Gassen *Räuber und Gendarm* spielen.

Und auch die Aussicht auf die tägliche Pendelei zur Arbeit war nicht so sehr mein Problem. Einige meiner KollegInnen, die in Altona, also im Hamburger Westen wohnen, fahren täglich 45 Minuten quer durch die Stadt, um an ihrem Arbeitsplatz ganz im Osten anzukommen. Sie sind genauso schnell (beziehungsweise langsam) wie ich, nur dass ich entspannter ankomme als sie, die sich durch die Rushhour kämpfen müssen – und dass ich jeden Abend in eine andere, stressfreiere Welt zurückkehren darf.

Andererseits hatte ich bei unserer Ankunft das Gefühl, in eine Enge zurückzukehren, die ich als 19-Jährige geradezu fluchtartig verlassen hatte. Fast zehn Jahre lang hatte ich diesem vermeintlich spießigen Dorfleben den Rücken gekehrt – und nun stand ich kurz davor, mich ausgerechnet in einem ähnlich kleinen Vorort wie dem niederzulassen, in dem ich aufgewachsen bin. Nur dass es damals ein kleines Dorf im Großraum Stuttgart und nicht in der Nähe von Hamburg war. Mitte der 80er-Jahre zogen meine Eltern mit uns von Hannover in das kleine Dörfchen Ingersheim, etwa 30 Kilometer nördlich von Stuttgart. Wir waren *Neigschmeckte* (schwäbisch für Zugezogene) mitten im *Schwobaländle.* Abgesehen davon, dass einige Mitglieder der in den 90er-Jahren deutschlandweit bekannten Popband PUR aus Ingersheim stammten, ist das Örtchen kaum jemandem bekannt. Ich kann mir nicht vorstellen, wie es damals für meine Mutter gewesen sein muss, als norddeutsche, emanzipierte Akademikerin in die gefühlte Enge eines schwäbischen Dorfes der 80er-Jahre einzutauchen. Ich habe heute noch das Bild vor Augen, wie sie am helllichten Tag mit Minirock, 80er-Jahre-Dauerwelle und geschminkt mit uns drei Kindern zum Dorfbäcker stöckelte. Kinderbetreuung für unter Dreijährige war im Westen damals noch ein Fremdwort, Kindergarten und Dorfschule gingen von 8 bis 12 Uhr. Die Frauen blieben zu Hause bei den Kindern. Meine Mutter hatte keine andere Wahl. Jahrelang habe ich sie fast dafür verurteilt – und als »gebranntes Kind« hatte ich mir geschworen, dass mir das nie passieren würde. Dass ich meine akademische Ausbildung niemals für Mann und Kinder an den Nagel hängen würde. Mittlerweile bewundere ich sie für die stoische Ruhe und Gelassenheit, mit der sie uns unter diesen Umständen ihre Werte vermittelt und uns alle drei zu selbstbewussten, eigenständigen Menschen herangezogen hat. Und was mir damals überhaupt nicht in den Sinn kam, war, dass sie das vielleicht nicht nur aus Zwang tat, sondern weil sie es gerne tat. Ich vermute, vielen Frauen meiner Generation geht es ähnlich wie mir: Wir wurden so emanzipiert erzogen, dass wir glauben, nur wenn wir Karriere machen und uns nicht zum »Heimchen am Herd« degradieren lassen, werden wir den Errungenschaften unserer feministischen Vorkämpferinnen gerecht. Was wir dabei völlig vergessen: Bei der Emanzipation sollte es darum gehen, dass jede und jeder die Wahl hat – und nicht darum, dass man schon wieder die Rolle ausfüllt, die einem von anderen zugewiesen wird. Egal, wofür ich mich entscheide: Ich sollte mich für nichts davon schlecht fühlen oder rechtfertigen müssen. Ich sollte nur die Wahl haben. Und das sollte sowohl für Frauen als auch für Männer gelten. Bis heute habe ich das Gefühl, mich vor KollegInnen dafür rechtfertigen zu müssen, dass ich zu Hause bleibe und meine Kinder hüte. Und auf der anderen Seite stehe ich einer imaginären Armada perfekter Mütter gegenüber, vor denen ich mich als Rabenmutter fühle, weil ich mein Kind in die Fremdbetreuung gebe, um zu arbeiten. Und beide »Kämpfe« spielen sich überwiegend in meinem Kopf ab.

Die Ironie des Schicksals wollte es jedenfalls, dass ich gut 30 Jahre nach meiner Mutter nun in einer ganz ähnlichen Situation stecke wie sie damals. Mein Leben lang dachte ich, sie hätte etwas für uns aufgegeben. Aber vielleicht hat sie ja ihre Erfüllung genau darin gesehen, zumindest für diese paar Jahre, bis wir sie nicht mehr so sehr gebraucht haben und sie sich etwas anderem widmen konnte. Spätestens seit ich selbst Mutter bin, habe ich größten Respekt vor jeder Frau, die sich entscheidet, in Vollzeit zu Hause die Kinder zu hüten und den Haushalt zu schmeißen. Das alles schreibe ich aus heutiger Perspektive. Als wir nach Stöckte kamen – noch kinderlos, voll arbeitend und frisch aus der Großstadt –, war meine Perspektive sicherlich noch etwas anders.

Die ersten zwei Jahre in Stöckte haben wir – mal abgesehen von Leuten, die ihr Boot bei uns liegen haben – kaum Kontakt zur einheimischen Bevölkerung. Wir arbeiten den ganzen Tag, und die Wochenenden verbringen wir mit Freunden in der Stadt oder lassen uns von selbigen besuchen. Erst mit Lines Geburt beginnen wir langsam und sehr zaghaft, uns anzunähern. Mit Kindern findet man immer schnell Anschluss. Ein Baby ist zwar ohne Frage anstrengend – den Großteil der Zeit empfinde ich die Zeit als frischgebackene Mutter aber vor allem als unglaublich eintönig. Nie war ich so einsam und so gelangweilt wie im ersten Jahr als Mutter auf dem Land. Und so gebe ich mir das volle Programm: DELFI-Kurs, Babyschwimmen, Babymassage, Rückbildungskurs. Alles ist mir recht, um nur irgendwie die Woche vollzubekommen. Ich mache so viele Bekanntschaften wie sonst nur in mehreren Jahren. Es erfüllt seinen Zweck: Es beschäftigt mich und das Kind und ich kann mich über die typischen Probleme austauschen, die man so als frischgebackene Mama hat. Ole leistet seinen Beitrag durch den Beitritt in die Freiwillige Feuerwehr. Und unser Integrationswille geht sogar so weit, dass wir uns schließlich dazu überreden lassen, am *Faslamsumzug* teilzunehmen.

Faslam ist das hiesige Pendant zum rheinischen Karneval. Für uns, die wir beide nicht aus Gegenden kommen, in denen Karneval oder Fastnacht groß gefeiert wird, ist das Narrentum ein echter Kulturschock. Klar haben wir es als Kinder geliebt, uns an Fasching zu verkleiden. Aber dass so viele Menschen verkleidet und größtenteils ordentlich betrunken zu Schlagermusik schunkeln, ist für uns zuerst fremd. Und wir haben es im oft so spröden Norddeutschland auch nicht erwartet. Wir mögen beide keinen Schlager, und irgendwie erinnert uns das alles stark an Ballermann und Après-Ski, was nicht unsere bevorzugte Art ist, zu feiern. Und nun sind wir ausgerechnet in einer norddeutschen Hochburg des Karnevals gelandet – nein, des *Faslams* natürlich. Jedes Jahr versammeln sich unglaubliche zwanzigtausend Zuschauer an den Straßen von Stöckte bis in die Winsener Innenstadt, um sich den Stöckter Faslamsumzug anzuschauen. Klar, dass das die gerade einmal

1850 Einwohner Stöcktes stolz macht. Und so ist es selbstverständlich, dass die meisten dieser 1850 Einwohner irgendwie am Umzug beteiligt sind. Vom Neugeborenen bis hin zur 90-jährigen Oma: Fast jede und jeder ist Mitglied in einer Faslamsgruppe. In den Wintermonaten stecken die meisten Stöckter einen Großteil ihrer Freizeit in die Vorbereitung des nächsten Umzugs. In den Hallen und Scheunen der Landwirte wird wochenlang gehämmert, gebohrt und gemalt und in den Stuben an den Kostümen genäht. Und ich muss sagen: Als ich meinem ersten *Faslamsumzug* beiwohne, staune ich nicht schlecht. Die Wagen sind riesig, detailverliebt und wirklich humorvoll. Man kann sehen, wie viel Leidenschaft darin steckt und wie viel Spaß es den Menschen bereitet. Also lassen wir uns im Frühjahr 2017 darauf ein, es einmal zu versuchen. Wir schließen uns einer Fußgruppe an. Das Motto unserer Gruppe in jenem Jahr: *Love, Peace und Einhörner.* Gemeinsam mit rund 30 anderen Kostümierten stolzieren wir an einem verregneten Februartag als bunte Einhörner verkleidet durch das Dorf, werfen Bonbons und winken den Menschen am Straßenrand zu. Unsere Jüngste, Morlin, eine geborene Stöckterin, kann somit behaupten, schon im zarten Alter von gerade einmal drei Monaten an ihrem ersten Faslamsumzug teilgenommen zu haben. Eingemummelt im Tragetuch, verschläft sie den Großteil des Spektakels unter meinem Einhornkostüm. Line, die als kleines Einhörnchen zuckersüß aussieht, schläft sogar irgendwann trotz des Lärms und Trubels um sie herum in ihrem Bollerwagen ein. Für die beiden wird diese Veranstaltung wahrscheinlich das Normalste der Welt sein. Sie wurden in diese Gemeinschaft hineingeboren und wachsen damit auf. Faslam gehört für sie zum Jahresablauf wie Ostern oder Weihnachten, mit allem was dazugehört.

Und um eine wirkliche Leidenschaft dafür zu entwickeln, seine Freizeit zu opfern und dann beim Umzug auch mit echter Freude zu der Musik zu tanzen, muss man vielleicht damit aufgewachsen sein. Wie so vieles, was mit Kultur zu tun hat, ist Faslam in erster Linie eine Tradition, die die Menschen verbindet und sie daran erinnert, woher sie kommen. Es gibt ihnen ein Gefühl von Geborgenheit, weil es sie an ihre Kindheit erinnert. Und es bedeutet vor allem Heimat und Zugehörigkeit zu einer Gemeinschaft.

Auch wenn Faslam uns vorerst noch fremd bleibt – unsere »Integrationsbemühungen« zeigen Wirkung: Die Leute im Dorf gehen freundlich und offen auf uns zu, sind neugierig und interessiert. Zwar verlaufen die meisten meiner »Babybekanntschaften« nach einiger Zeit im Sande, weil man eben doch nicht mehr gemeinsam hat als ein Kind im gleichen Alter, aber langsam bemerken wir eine Veränderung in unserem Umfeld. Man grüßt uns im Vorbeifahren, lächelt uns zu. Dass die meisten wissen, wer wir sind, wundert uns nicht. Schnell spricht sich herum, dass in dem kleinen Yachthafen vor dem Deich jetzt eine kleine Familie wohnt.

Wir sind positiv überrascht, wie freundlich, offen und vorurteilsfrei wir empfangen werden. Aus Erzählungen wissen wir, dass die Dörfer hier aus einer mehr oder weniger homogenen Gemeinschaft aus alteingesessenen Familien bestehen. Die allermeisten leben hier seit vielen Generationen. Völlig selbstverständlich sind wir davon ausgegangen, dass man uns mit Vorurteilen begegnen wird. Aber irgendwann merken wir, dass wir selbst diejenigen sind, die voller Vorurteile steckten. In unserem festgefahrenen Schubladendenken über die Menschen, die auf dem Land geboren, aufgewachsen und geblieben sind, konnten wir uns beim besten Willen nicht vorstellen, dass sie uns völlig unvoreingenommen und neugierig begrüßen würden. Ich war sicher, auf die Leute hier würden wir wie Freaks, wie

Möchtegern-Hippies wirken, vielleicht auch wie überhebliche Städter. Gleichzeitig vermutete ich, dass viele unserer Freunde, die weiterhin ihre kinderlose Freiheit genossen und sich bewusst von jeglicher Sesshaftigkeit fernhielten, uns für unsere Annäherung an dieses vermeintlich biedere Kleinbürgertum verurteilten. Für sie – so war ich mir sicher – waren wir schon wieder Spießer. Mit allem, was dazugehört: Haus, Kind, Ehering. Nur eben mit Blick auf eine Uferböschung anstatt auf die Vorgartenhecke. So sehr war ich mit meinem eigenen Schubladendenken beschäftigt, dass ich uns selbst in eine von mir eigens kreierte hineinpackte: Wir sind die spießigen Hippies. Wer auch immer uns aus welcher Perspektive betrachtet, wird uns verurteilen. Falsch gedacht.

Kindheit zwischen Containerschiff und Dorfschulterror

Ich bin zwar in Hamburg geboren, aber den ersten Teil meiner Kindheit habe ich in einem winzigen Dörfchen namens Tramm im Kreis Herzogtum Lauenburg verbracht. Tramm hatte damals knapp 180 Einwohner. Meine Eltern haben die alte Dorfschule gekauft und wieder hergerichtet. In Tramm kannte wirklich jeder jeden. Wer nur eine Kleinigkeit zum Essen brauchte, der ging in den kleinen Laden von Frau Singelmann und bekam dort das Nötigste. Ich ging die Milch mit der Milchkanne holen. Und jede einzelne Kuh von Bauer Walter trug den Namen eines Dorfkinds. Der Trammer Spielplatz lag dicht bei unserem Haus. Die Trammer Kinder trafen sich – trotz ein paar Jahren Altersunterschied – alle dort und hielten zusammen wie Pech und Schwefel. Ich erinnere mich noch genau, wie ich mit fünf Jahren, zusammen mit den Älteren, das erste Mal heimlich an einer Zigarette gezogen habe. Niemals vergessen werde ich auch den Tag, an dem wir auf die glorreiche Idee kamen, im Schuppen von Frau Singelmann ein kleines Lagerfeuer zu entfachen. Vorsorglich hatten wir das Feuer in einem aus Draht geflochtenen Mülleimer entzündet, damit es sich nicht ausbreiten konnte. Blöd nur, dass der Mülleimer auf einem Holztisch stand. Innerhalb kurzer Zeit stand die halbe Scheune in Flammen.

Ein Großteil der Familie meiner Mutter lebte im Dorf. Wenn es eine Feier im Ort gab, dann waren immer gleich alle Einwohner da. Und von unserem Haus aus, der alten Dorfschule, konnte man zum Feierabend alle Straßenlaternen des Ortes ausschalten.

Mein Vater fuhr zu dieser Zeit als Kapitän zur See. Manchmal sind wir mit an Bord des Containerschiffs gewesen und mit durch die Weltgeschichte gefahren. Ich war noch sehr klein, aber ich erinnere mich noch gut an einige Erlebnisse. Zum Beispiel an Herrn Heise – ich glaube, er war erster Offizier. Wir durften immer unsere Hände fotokopieren. Und mit seinem Computer, also einem 286er, konnte er super verpixelte Bildchen ausdrucken. Ich weiß noch genau, wie wir an Weihnachten eine Girlande quer durchs Schiff gebastelt haben, auch wenn ich mittlerweile denke, dass sie nicht ganz so lang war wie in meiner Erinnerung. Der Weihnachtsmann kam damals im Taucheranzug und mit einem Müllbeutel für die Geschenke. Die Tatsache, dass mein Vater oft auf See war, hat mich als Kind nicht wirklich beschäftigt. Es war halt einfach so. Als mein Vater dann einige Jahre später einen Job als Kanallotse im Nord-Ostsee-Kanal bekam, mussten wir unser kleines Dörfchen verlassen und zogen nach Burg in Dithmarschen. Für mich brach eine Welt zusammen, und ich nahm mir fest vor, eines Tages wieder nach Tramm zu ziehen.

Burg hatte um die 5000 Einwohner, und es dauerte nicht lange, bis ich Anschluss fand. Viele meiner Klassenkameraden wohnten in unmittelbarer Nähe, und auch in Burg musste man sich nicht allzu große Sorgen machen, ein Kind frei herumlaufen zu lassen. Meine Grundschulzeit verlief eher ruhig. Ich war zwar auch zu dieser Zeit schon ein kleiner Querulant, aber meine Lehrer wussten mich gut zu nehmen. Mein Vater fuhr in unregelmäßigen Abständen mit dem Schiff über den Kanal, und meine Mutter gab sich die größte Mühe, sich in der Rolle der Hausfrau und Mutter zu verausgaben. Ich begann im Brunsbütteler Segelverein Opti zu segeln, das ist ein kleines Segelboot. Mit sechs Jahren machte ich dann meinen Jüngstenschein und hatte viel Spaß, Regatta zu segeln – immer gut trainiert durch meinen Vater, der zusammen mit meiner Mutter früher auf der Alster gesegelt ist. Kurze Zeit später wurde mein Vater zu einem Segeltörn nach Helgoland eingeladen, bei dem ich mitfahren durfte. Ich war das erste Mal so richtig seekrank. Mein Vater fragte, während ich über dem Eimer hing, ob wir nicht auch ein Boot kaufen wollen. Noch heute erzählt er mir, wie ich mir den Mund mit dem Ärmel abwischte und begeistert »auf jeden Fall!« erwiderte. Er kaufte daraufhin das Neun-Meter-Segelboot *Genese*. Das Boot war ein sogenannter Halbtonner und ursprünglich nur für Regattazwecke gebaut worden. Deshalb gab es im Bootsinneren statt eines Ausbaus auch nur ein paar Hängematten. Unsere erste Tour endete mit einer Superbilanz: zwei gebrochene Rippen bei meinem Vater, drei seekranke Kinder, eine verzweifelte Mutter und ein Motorschaden.

In Kleinstarbeit wurde die *Genese* nun Stück für Stück ausgebaut, wobei ich mithalf und eine Menge lernte. Ein paar Kojen, ein Tisch, Regale und eine kleine Küche sowie ein neuer Motor wurden eingebaut. Die nächsten Jahre nutzten wir das kleine Boot für unsere Familienurlaube. Ich denke oft daran zurück und sehe die Parallelen zu unserem heutigen Leben auf dem Hausboot. Auch wir sind früher oft am Wasser gewesen und in den Ostseehäfen mit anderen Kindern ohne Aufsicht rumgelaufen. Passiert ist nie etwas Dramatisches.

Meine Eltern waren im Gemeinderat für *Bündnis 90/Die Grünen* engagiert und arbeiteten ehrenamtlich für den Ausländerfreundeskreis. Ich erinnere mich gut an die wilden Parteifeten, die an Wahlabenden bei uns gefeiert wurden. Wenn ich an diese Zeit zurückdenke, muss ich sagen, dass ich eine sehr harmonische Kindheit hatte – zumindest bis dahin.

Zu Anfang meiner Realschulzeit in Burg lief noch alles normal – aber bald danach entwickelte sich bei mir etwas, das man später wohl Depression genannt hätte. Ich war ein ziemlich quirliges Kind – und das änderte sich auch im Teenageralter nicht. Damit konnten die wenigsten Lehrer umgehen. Meine Leistungen und Noten waren dabei weniger das Problem – es ging eher um meine Persönlichkeit, die vielen nicht zu passen schien. Ich weiß nicht, warum es sich so zugespitzt hat, aber es gab an dieser Schule unzählige Vorfälle, die mich regelrecht traumatisiert haben. Ungefähr ab der siebten Klasse ging es los. Und weil meine Eltern nicht so recht glauben mochten, was ich erzählte, behielt ich vieles leider viel zu lange für mich. Als ich es später nachholte, waren sie regelrecht schockiert. So gab es zum Beispiel einmal einen Jungen, der mich im Schulflur würgte, sodass ich schon blau anlief. Mein Klassenlehrer stand direkt daneben, wartete ab und sagte dann ganz ruhig zu Hauke (dem Würger): »So, ich glaube, das reicht. Lass ihn mal los. Wenn er wieder frech wird, weißt du ja, was du zu tun hast.« Einen speziellen Hass auf mich hatte mein Musiklehrer. Nach vier Jahren mit einer Eins in Musik rutschte ich im ersten Halbjahr auf eine Drei und im nächsten auf eine Fünf, obwohl ich der Einzige in der Klasse war, der Klavier spielen konnte und dazu auch noch wusste, dass eine Tonleiter nicht zum Reinigen der Dachrinne geeignet ist. Als wir in der 8. Klasse waren, wurde ich eines Tages ins Nachbarklassenzimmer gerufen, mitten in der Stunde. Im Nebenraum, wo der Musiklehrer gerade die Parallelklasse unterrichtete, sollte ich mich ans Lehrerpult setzen, das an diesem Tag als Pranger diente, wie ich gleich feststellen sollte. »So, liebe Klasse, jetzt könnt ihr dem Ole alle mal sagen, was euch an ihm nicht passt«, höre ich ihn heute noch sagen. Als dann die ersten schonungslosen Kommentare auf mich einprasselten, konnte ich meine Tränen nicht zurückhalten. Irgendwann stand ich auf und ging in Richtung Tür. Aber der Lehrer hielt mich auf: »Ach, und Ole ...« Als ich mich umdrehte, zeigte er mir den Mittelfinger, woraufhin die gesamte Klasse in Gelächter ausbrach. Ich erzählte meinen Eltern vorerst nichts davon, entschloss mich aber, den Vertrauenslehrer anzusprechen. Leider geschah dennoch: nichts.

Einen Ausgleich und eine Ablenkung von diesem Mobbing durch Mitschüler und Lehrer schuf die Veränderung unserer Wohnsituation. Das bisher vermietete Haus, das meinen Eltern gehörte, war endlich frei geworden. Es war reichlich heruntergekommen, aber meine Eltern sahen darin enormes Potenzial. Und so begann eine Zeit, an die ich mich trotz des Ärgers in der Schule heute gerne erinnere. Wir haben damals wirklich alles aufgearbeitet oder erneuert – von den Dielen-Fußböden und deren Lehmdämmung bis zu den alten, verschnörkelten Bauernhaus-Zimmertüren. Wir haben Wände neu verputzt, Durchbrüche hergestellt, tapeziert, gefliest, die gesamte Elektrik erneuert und Wasserleitungen verlegt. Nahezu alles geschah ohne das Mitwirken eines Handwerksbetriebs, nur durch uns. Das meiste machten mein Vater und ich, aber auch meine Mutter und meine ältere Schwester Jana halfen mit.

Da von meiner Schule, wo ich natürlich inzwischen voll auf Opposition geschaltet hatte, häufig Rügen und Tadel eintrudelten, hatte mein Vater genügend Argumente, mich zu Hause mit Arbeit zu beschäftigen, um mich von weiteren (angeblichen oder tatsächlichen) Dummheiten abzuhalten. Unter anderem schaufelten wir, wie schon erwähnt, das Haus rundherum frei, um neue Fundamente zu gießen, erneuerten das komplette Fugenwerk der Backsteinfassade, gestalteten den Garten und legten einen Teich an.

Die Werkstatt meines Vaters war mir mehr als vertraut. Sie war gut ausgestattet, aber alleine darin zu arbeiten war für mich natürlich tabu. Mein erstes eigenes Projekt gestaltete sich deshalb etwas schwierig. Ich wünschte mir nichts sehnlicher als einen Moped-Führerschein. Für meine Eltern kam das leider nicht infrage. Aber als mir eines Tages ein älterer Herr von einer alten Zündapp R50 erzählte, die ich für 50 Mark kaufen könne, sofern ich sie zum Laufen bekäme, konnte ich mich nicht im Zaum halten. Ich kaufte das gute Stück heimlich, deponierte den Oldtimer-Roller in einem kleinen Waldstück und begann zu basteln. Der Fehler war schnell gefunden: Es kam kein Sprit aus dem Tank. Das kleine Sieb am Benzinhahn hatte sich zugesetzt. Ich ersetzte den kompletten Sprithahn kurzerhand durch den vorderen Teil eines Kugelschreibers. Und siehe da: Die Karre sprang sofort an. Ich war stolz wie Oskar. Aber leider konnte ich das Moped nicht mit nach Hause nehmen, also deckte ich es regelmäßig mit Zweigen ab und fuhr manchmal mit meinem Kumpel Gordon auf diversen Feldwegen ein bisschen herum. Dass Mopedfahren tatsächlich gefährlich ist, merkten wir, nachdem wir an einem kleinen Abhang einfach geradeaus durch den Stacheldrahtzaun fuhren und abstürzten. Zu Ende war der Traum vom eigenen Moped allerdings erst, als ich nach ein paar Wochen den Mut fasste und den Roller doch mit nach Hause nahm. Meine Eltern waren konsequent und blieben hart: Ich musste ihn zurück zu seinem Vorbesitzer bringen – der sich natürlich freute, dass er wieder lief.

Irgendwann, ich muss ungefähr 14 gewesen sein, kaufte mein Vater einen gebrauchten Suzuki Sj 413, einen kleinen Geländewagen. Das Auto diente eine Zeit lang als Zweitwagen für die Familie – angeblich, weil es billiger gewesen war als eine Anhängerkupplung für unseren Saab. Als es dann nicht durch den nächsten TÜV kam, haben mein Vater und ich alle Roststellen mit neuen Blechen verschweißt, alles neu lackiert und anschließend mit Bravour den TÜV-Stempel eingeheimst.

Eines Nachts habe ich das kleine Auto mit zwei Freunden kurzerhand vom Hof geschoben, bis hinter die nächste Straßenecke. Wie man fährt, hatte mir mein Vater bereits auf Feldwegen gezeigt, also Schlüssel rein und dann ging es los. Wir sind auf diversen Feldwegen gefahren, haben Vollbremsungen gemacht, und jeder durfte mal ans Steuer. Nach ein paar Stunden haben wir das Auto auf demselben Weg zurückgebracht. Das Feuer war nach der ersten Tour natürlich geweckt, und wir wiederholten unsere waghalsigen Touren und wurden dabei immer mutiger. Einmal waren wir sogar bei McDonald's in Brunsbüttel, also knapp 20 km weiter. Aber eines Nachts, als wir das Auto, mittlerweile routiniert, wieder auf den Hof schoben, rief plötzlich eine raue Männerstimme: »Was macht ihr da, was ist da los?« Die anderen Jungs rannten einfach weg – und ich raste ebenfalls schnell in mein Bett und versuchte, mein Herz wieder zu beruhigen. Und dann klingelte das Telefon … erwischt! Meine Mutter war überzeugt, ich würde so was niemals machen – aber mein Vater überzeugte sich selbst und sie durch das Berühren der noch warmen Motorhaube.

Die darauffolgende Zeit hatte eine gewisse Ähnlichkeit mit einem Bootcamp. Drei Monate Hausarrest. Ich habe mich so geschämt. Und es war ein Wunder und reines Glück, dass bei unseren bodenlos leichtsinnigen Touren niemandem etwas passiert war. Da ich meine Mittäter nicht mehr sehen durfte, entstanden nach meinem Hausarrest neue Freundschaften. Mädchen wurden plötzlich interessant, und ich war irgendwie bei den meisten Mädels-Abenden dabei. Vielleicht brauchte ich einfach ein bisschen Sanftheit neben dem grausamen Schulalltag und den heimischen Arbeitseinsätzen, die durchaus als Strafe gemeint waren (auch wenn ich heute dankbar dafür bin).

Meine Eltern merkten, dass ich verzweifelt war und immer öfter nach Gründen suchte, nicht in die Schule zu gehen. Da meine ältere Schwester bereits nach der Realschule die Waldorfschule besuchte, um ihr Abitur zu machen, und meine kleine Schwester Laura auch dorthinging, wurde beschlossen, dass auch ich dorthin wechseln sollte. Nach zwei Jahren Wartezeit war es dann endlich so weit – ein Platz wurde frei. Ich muss noch heute schmunzeln, wenn ich an den Tag nach dem Bescheid denke. Mein alter Klassenlehrer, wieder mal wütend auf mich wegen irgendwas, brüllte mich mit knallrotem Kopf quer durch die Schulaula an, ich solle sofort zu ihm kommen – und ich habe ihn komplett ignoriert. Das tat so unglaublich gut. Nur weg von diesem schrecklichen Ort und endlich wieder Hoffnung.

Den ersten Tag an der Waldorfschule erlebte ich wie eine Art Kulturschock. Es flogen Papierkügelchen durch den Raum, es wurde geredet, gelacht. Aber ich fand mich schnell zurecht – und die Lehrer waren für mich ein Segen. An der Waldorfschule lernt man selbstständig zu arbeiten. Die Lehrer bieten nur die Hilfestellung, und ich muss sagen, dass ich über Sprüche wie »Die Steinewerferschule« und »Kannst du deinen Namen tanzen?« nur lachen kann. Ja! Ich kann meinen Namen tanzen! Die Zeit bis zum Abi war super! Diese Schule war das Beste, was mir passieren konnte.

Mein Abi war nicht gut. Trotzdem bekam ich nach ein paar Bewerbungen einen Ausbildungsplatz zum Schiffsmechaniker. Ich glaube, mein Vater hatte da seine Finger mit im Spiel. Die Ausbildung sollte die Grundlage meiner Seefahrerkarriere darstellen – und ich war auch nicht abgeneigt, ein richtiger Seemann zu werden wie mein Vater. »Du musst ja auch wissen, was es bedeutet, wenn du jemanden im Sturm an Deck schickst. Wer Anweisungen gibt, muss wissen, wovon er redet.« Ich fand das durchaus einleuchtend.

Meine Berufsschule war in Rostock. Natürlich waren alle Azubis der Meinung, dass sie bereits richtige Seeleute seien, weshalb es drunter und drüber ging. Ich glaube, so richtig beliebt waren wir in Rostock nicht gerade. Mit Geld konnte ich zu dieser Zeit rein gar nicht umgehen, deshalb wurde kurzerhand ein Mini Cooper beim Autohaus finanziert und das restliche Azubigehalt für nächtliche Sauftouren ausgegeben. Das kleine Zimmer über dem Lidl in Rostock bezahlte die Reederei, zusätzlich gab es jede Woche einen Essenszuschuss. Nach knapp drei Monaten war der erste Berufsschulblock abgeschlossen, und es sollte auf mein erstes Schiff gehen. Da das in Singapur lag, ging es erst mal ins Flugzeug. Und dann begann das eigentliche, das ernsthafte Seemannsleben. Klare Anweisungen und harte Arbeit, das war der Alltag. Drei Monate an Deck und drei Monate im Maschinenraum. Diese erste Reise war eigentlich die schönste, da ich noch so unbefleckt und alles sehr spannend war. Trotzdem wäre ich nach knapp vier Monaten am liebsten wieder nach Hause gefahren. Tagein, tagaus auf dem Schiff, immer dieselben Gesichter, Telefonieren nur über das Satellitentelefon auf der Brücke und immer hört jemand zu – das war schon auch zermürbend.

Nach dem nächsten Berufsschulblock ging es wieder aufs Schiff, diesmal nach Hongkong. Unser erster Offizier hat mich irgendwie gemocht. Später erzählte er mir, dass ich ihn an seinen verstorbenen Sohn erinnere, was vielleicht auch erklärte, dass er mich regelmäßig zu sich auf die Kabine zu Osborne-Weinbrand einlud. Ich habe in dieser Zeit eigentlich jeden Abend einen Vollrausch gehabt, obwohl ich im Schnitt 13 Stunden am Tag gearbeitet habe, meistens mehr. Nach der Reise war ich also immerhin trinkfest – aber der Gedanke, die nächsten Jahre zur See zu fahren, gefiel mir immer weniger. Ich blieb vor allem dabei, um meinen Vater nicht zu enttäuschen.

Aber auf dem nächsten Schiff wurde mir immer klarer: Ich will nicht ewig weg sein – zumal jeder, der schon lange auf See war, irgendeine gravierende Macke hatte. Der eine trank zu viel, der andere war arrogant und wieder ein anderer war stark depressiv. Und ich begann bereits, mich in eine Mischung aus alldem zu verwandeln.

Nach der dritten Reise und der Abschlussprüfung in Rostock war meine Ausbildung beendet. Eigentlich hätte ich dringend mal eine Pause gebraucht, um mir klar darüber zu werden, wo meine Reise eigentlich hingehen sollte. Stattdessen hatte ich schon den nächsten Vitamin-B-Job über meinen Vater, beim Lotsbetriebsverein. Ich fuhr also ein Jahr lang Lotsen zu den ankommenden Pötten hinaus auf die Nordsee oder holte sie von den ausgelaufenen Schiffen ab. Eigentlich war das ein super Job: sehr gut bezahlt, nur zwei Wochen an Bord des Stationsschiffes und dann zwei Wochen frei, dazu zollfrei Zigaretten und Schnaps – was wollte man mehr? Die Crew bestand aus rauen Fischerleuten, die prädestiniert für den Job waren, da sie auch bei stürmischer See gut mit der Winde arbeiten konnten. Teilweise war man mit Adrenalin vollgepumpt, wenn man das Boot bei Windstärke zehn durch die hohen Nordseewellen steuerte, aber der Job hat mir wirklich Spaß gemacht. Egal, ob draußen Minusgrade herrschten oder der Nebel so dicht war, dass man das gesuchte Schiff nur noch mittels Radar finden konnte – die enorme Verantwortung gefiel mir.

Nach gut einem Jahr bekam ich dann einen Studienplatz in Bremen. Der Studiengang hieß »Diplom-Wirtschaftsingenieur für Seeverkehr« oder kurz: Nautik.

Zum Glück hatte meine beste Freundin Vanessa, die ich aus der Ausbildung in Rostock kannte, denselben Studiengang belegt, nur zwei Semester über mir, sodass ich direkt Anschluss hatte. Ich fand eine kleine Wohnung in der Bremer Fußgängerzone. Ich weiß nicht, was für ein Mensch der Vormieter gewesen war – jedenfalls war die Bude in einem miserablen Zustand. Ich bot dem Vermieter an, sie grundlegend zu renovieren, inklusive eines neuen Badezimmers, und bekam dafür drei Monate mietfrei. Während dieser Zeit lernte ich Jill kennen. Sie war schockiert, wie ich wohnte, denn als sie das erste Mal bei mir war, gab es gerade keine Toilette. Ich bin in der Kneipe unter meiner Wohnung aufs Klo gegangen. Mein Hinweis »Wenn du pinkeln musst, dann in die Dusche, aber bitte gut nachspülen« hat sie kurz aus der Fassung gebracht. Eigentlich ein Wunder, dass sie den Kontakt nicht gleich abgebrochen hat.

Nach gut einem Jahr brauchte ich ein neues Projekt, also suchte ich mir eine neue heruntergekommene Wohnung – wieder mit dem Deal »Renovierung gegen Mietfreiheit«. Jill nannte mich damals einen »positiven Mietnomaden«.

Kurze Zeit später, nach ihrem Bachelorabschluss, beschloss Jill, nach Hannover zu gehen, um ihren Master zu machen. Für mich gab es keinen guten Grund mehr, in Bremen zu bleiben. Die Seefahrt machte mich nicht glücklich, das Studium machte keinen Spaß, und meine Wohnung war weiterhin eine Katastrophe. Nach ein paar Monaten Wochenendbeziehung beschloss ich also, ihr nach Hannover zu folgen. Ich fand ein WG-Zimmer, das nur knapp zehn Minuten zu Fuß von Jills WG lag. Ich hatte mich für den Studiengang Maschinenbau eingeschrieben – besucht habe ich genau zwei Vorlesungen. Studieren ist einfach nicht meins, das wurde mir klar. Um über die Runden zu kommen, nahm ich einen Job als Hausmeister in einem Studentenwohnheim an, wo ich die nächsten Monate Fußböden verlegte, Wände strich, Fliesen verlegte und den Keller entrümpelte. Irgendwann entschied ich mich, einen Gewerbeschein zu beantragen und das Ganze offiziell zu machen – zunächst nur vorübergehend, bis ich wusste, was ich dauerhaft machen wollte. Ich fragte im Freundeskreis nach Jobs in allen Branchen – und kam so irgendwann zur Messebaufirma *Mehrblick* in Hamburg, einem grundlegenden Baustein meines Werdegangs. Für einen Messeaufbau wurden Helfer gesucht, der Stundenlohn sollte 18 Euro betragen. Für mich war das damals eine Menge, da ich bisher nur Studentenlöhne kannte. Nach meiner ersten Woche bei *Mehrblick* wurde mein Stundenlohn allerdings auf 15 Euro heruntergesetzt, weil ich mich nicht an die riesige Formatkreissäge traute und keine Erfahrung mit so akkuraten Tischlerarbeiten hatte. Ich wusste wirklich nicht, wie wichtig rechte Winkel sind und dass ein Tischler auf einen Millimeter genau arbeitet. Mein Auftraggeber gab mir aber die Chance, mich einzuarbeiten. Ich wurde immer öfter engagiert und begann so langsam zu verstehen, wie man durch genaue Vorarbeit später viel weniger Probleme beim Zusammenbau von Elementen hat. Da ich zwischen Hamburg und Hannover pendelte und oft in Hamburg auf irgendwelchen Sofas in diversen Küchen pennte, gab ich das WG-Zimmer in Hannover auf und quartierte mich einfach ungefragt bei Jill mit ein. Als Jill ihren Masterstudiengang beendet hatte, beschlossen wir, uns in Hamburg gemeinsam niederzulassen. Zu jener Zeit schickte mich die Firma *Mehrblick* in den kleinen Hafen in Hamburg-Harburg. Und so nahm die ganze Geschichte ihren Lauf …

Leben mit der Natur

Der größte Unterschied zum Leben in einem normalen Haus im Grünen besteht wohl darin, dass man mit einem Hausboot nicht nur *in* der Natur, sondern *mit* ihr lebt. Mit einem Hausboot ist man den Naturgewalten sehr viel mehr ausgeliefert – oder positiver ausgedrückt: Man erlebt wieder viel bewusster und hautnah den Wechsel der Jahreszeiten, die Witterungsverhältnisse und die Naturgewalten und richtet sich ganz selbstverständlich nach ihnen. Was früher für die Menschen völlig natürlich war, nämlich dass die Natur und die Wetterlage ihren Alltag bestimmt haben, ist für die meisten Menschen heute nicht mehr nur fremd, es ist auch unerwünscht. Denn es macht unser Leben weniger planbar, es durchkreuzt unseren Drang nach Kontrolle. Wie regen wir uns jedes Mal auf – ich selbst nehme mich hier keinesfalls aus –, wenn die Bahn uns wegen irgendwelcher Witterungsverhältnisse mal wieder nicht pünktlich zu unserem Zielort bringen kann oder Flüge ausfallen. In Indien konnte ich beobachten, wie gelassen die Menschen auf Planänderungen reagieren, auf die sie ohnehin keinen Einfluss haben. Viele noch sehr einfach lebende Inder sind überzeugt, dass alles, was ihnen widerfährt, Karma ist, also von den Göttern gewollt, vorherbestimmt und in einem früheren Leben selbst verschuldet. Also nehmen sie es hin. Auf der einen Seite ist es beruhigend zu sehen, wie glücklich Menschen sein können, deren Leben von außen betrachtet kaum schlimmer sein könnte. Ich habe Menschen in Slums gesehen, die ein hundertmal zufriedeneres Lächeln auf den Lippen hatten als viele wohlhabende Westeuropäer. Die Kehrseite des menschenverachtenden Kastensystems in Indien liegt auf der Hand: Wenn man sich mit seiner Situation abgefunden hat und nicht daran glaubt, dass man ein besseres Leben verdient hat, dann wird man sich auch nie aus eigener Kraft aus dieser Situation herausarbeiten. Aber uns westlichen Menschen ist in unserem Wahn, uns die Welt untertan zu machen, das Gespür dafür abhandengekommen, dass die Natur sich nicht auf Dauer beherrschen lässt – zumindest nicht, ohne zurückzuschlagen.

Wir haben uns so sehr daran gewöhnt, dass alles nach Plan funktioniert und wir die Natur beherrschen können, dass es uns völlig aus der Bahn wirft, wenn dem mal nicht so ist und wir uns nach ihr richten müssen. Viele potenzielle Kunden, die zu uns in den Hafen kommen, weil sie einen Liegeplatz für ihr Boot suchen, machen auf dem Absatz wieder kehrt, sobald sie hören, dass unser Hafen jeden Tag flachfällt und man rund ums Niedrigwasser nicht rein- oder rauskommt mit dem Boot. Komplett nachvollziehbar: Wenn man fünf Tage die Woche bis 17 oder 18 Uhr im Büro sitzt, möchte man natürlich bei schönem Wetter spontan mit seinem Boot rausfahren können in der wenigen Freizeit, die einem bleibt. Wenn dann zu Feierabend Niedrigwasser ist, ist das ärgerlich.

Für uns gehört das Auf und Ab des Wasserstands mittlerweile selbstverständlich zum Alltag. Nach dem Vorbild der Inder sind auch wir ruhiger geworden, weil wir wissen, dass wir ohnehin nichts daran ändern können. Entweder das Wasser ist da oder eben nicht. Wir haben den Tidenkalender im Kopf wie andere den Busfahrplan ihrer täglichen Strecke zur Arbeit. Und vieles richten wir danach: Wenn gerade Hochwasser ist, tragen wir den Müll oder den Wäschekorb raus oder holen einen Sack Pellets zum Heizen rein. Weil wir wissen, dass es in ein paar Stunden mit der steilen Brücke beschwerlicher sein wird. Wenn Presseanfragen kommen, bestelle ich die Fotografen zu Hochwasser, damit es auch hübsch aussieht und das Hausboot nicht im Schlick liegt. Manchmal wünschte ich, das Wasser würde dableiben, einfach weil es gleich viel schöner aussieht. Aber dann erinnere ich mich an den fischigen Geruch des Schlicks bei Niedrigwasser, der für uns mittlerweile nach *Zuhause* riecht. Als wir ihn, gerade frisch in Stöckte angekommen, das erste Mal wahrgenommen haben, fühlten wir uns beide sofort in die Urlaube unserer Kindheit zurückversetzt, als wir mit unseren Geschwistern durch die malerischen kleinen Häfen der dänischen Südsee gerannt sind und Verstecken gespielt haben. Schon damals hätten wir uns über den Weg laufen können. Ist nicht passiert – als ob das Schicksal mit uns Verstecken gespielt hätte.

Mit dem Wechsel der Gezeiten ist es für mich ähnlich wie mit den Jahreszeiten. Wäre es immer Sommer, also schön und sonnig und warm, würde ich mich nicht mehr darauf freuen. Ich finde, es gibt nichts Schöneres als die Vorfreude, wenn man im Frühling die ersten warmen Sonnenstrahlen auf dem Gesicht spürt und der Waldboden von Buschwindröschen bedeckt ist. Oder das wohlige Gefühl, wenn man im Herbst Kerzen anzündet und sich mit einer dampfenden Tasse Tee und einer Kuscheldecke einem neuen Buch widmet. Dabei bin ich definitiv kein Wintermensch. Ich konnte noch nie verstehen, dass Menschen freiwillig länger als nötig in die Kälte ziehen. Auch wenn das etwas komisch klingt für jemanden, der von Schwaben nach Norddeutschland gezogen ist: Mich lockten schon immer die wärmeren Gefilde. Doch ich könnte nicht auf Dauer in einem Land leben, in dem das Wetter immer gleich (schön) ist. Die Abwechslung würde mir fehlen.

Die Tide hat uns aber auch vor neue Herausforderungen gestellt – zum Beispiel, als wir unsere Wasserleitungen verlegen wollten. Gewöhnliche Abwasserrohre sind auf einem sich ständig bewegenden Hausboot natürlich nicht möglich. Da sich der Wasserstand unter unserem Hausboot stetig verändert, ist eine Leitung entlang des Grunds unmöglich. Die Brücke ist die einzige Möglichkeit, weil sie sich mitbewegt. Wasser und Abwasser fließen bei uns also durch flexible Schläuche, entlang der Brücke bis hoch ans Ufer. Das Abwasser wird weiter zu einer Grube geleitet, das Frischwasser kommt aus der kommunalen Wasserleitung. Im Winter müssen die Leitungen isoliert sein. Unter der Isolierung haben wir Heizkabel verlegt, die verhindern sollen, dass die Leitungen zufrieren. Das Problem: Eben *weil* die Brücke sich bewegt, sind natürlich die Leitungen und damit auch die Isolierung unter ständiger Belastung. Immer wieder reißen Teile der Isolierung auf – und vor allem an Stellen, wo die Leitung eine Kurve macht, friert sie immer wieder zu. Da wir auch hier mit einem Provisorium leben, haben wir auch nach Jahren im Winter immer wieder Tage, an denen kein Wasser aus der Leitung kommt und wir nicht an Bord auf die Toilette können, weil die Leitungen zugefroren sind. Ein paar Reservekanister mit Frischwasser stehen im Winter immer in unserer Küche.

Vor allem das Thema Abwasser hat uns über die Jahre immer wieder Kopfzerbrechen bereitet. Im Harburger Hafen hatten wir uns einfach an Land an die Kanalisation angedockt. Doch im neuen Hafen gibt es keinen Anschluss an die Kanalisation, da wir vor dem Deich liegen und ein Durchbruch nicht genehmigt wird. Es gibt eine Abwassergrube, die regelmäßig geleert werden muss. Bevor wir hierherzogen, musste der Vorbesitzer die Grube vielleicht zwei oder drei Mal im Jahr auspumpen lassen. Jetzt, wo wir hier wohnen, bekommen wir die Grube gut einmal im Monat voll. Das bedeutet, dass wir jeden Monat 220 Euro nur dafür bezahlen, dass unser Abwasser abgeholt wird.

Im Sommer 2017, als Ole gerade an unserem ersten modernen Verkaufs-Hausboot baut (dazu weiter unten mehr), bekommen wir den Tipp, dass es seit Neuestem Mini-Kläranlagen für Hausboote gibt. Endlich die Lösung! Mit diesen Anlagen könnten wir das geklärte Abwasser einfach direkt ins Hafenbecken ablassen. Man spart Geld und ist noch dazu praktisch autark, kann überall hinfahren mit dem Hausboot. Mit einem zusätzlichen Frischwassertank könnte man sogar – zumindest für eine gewisse Zeit – Frostzeiten überbrücken oder auch mal ein paar Tage an einem Platz ohne Wasseranschluss liegen.

Aber nicht nur Tide und Frost bestimmen unser Leben auf dem Hausboot. Weil sich das Haus im Wind bewegt, spüren wir ständig – ohne auch nur einen Blick aus dem Fenster zu werfen –, wie das Wetter gerade ist. In einem Haus kann man sich tagelang aufhalten, die Rollläden runterlassen, an einem Computer sitzen und die Welt da draußen aussperren. Man bekommt nicht mit, wie das Wetter draußen ist. Auf einem Hausboot ist das nicht möglich – man ist immer mittendrin. Selbst nach vielen Jahren liegen Ole und ich in manch einer Sturmnacht noch wach und lauschen dem Heulen des Windes, dem Ächzen der Balken, hören, wie der Rumpf immer wieder gegen den Steg knallt und beobachten angespannt, wie sich unser Haus im Wind bewegt.

Bei praktisch jedem Sturm fallen auf der Uferseite, die unter Naturschutz steht, etliche Weiden um. Viele davon landen in unserem Hafenbecken. Jedes Frühjahr, kurz bevor die Boote wieder ins Wasser sollen, ist Ole gut einen Monat lang damit beschäftigt, die umgestürzten Weiden aus dem Wasser zu bergen, zu zerkleinern und zu beseitigen, damit der Hafen wieder befahrbar wird.

In unserem ersten Sommer in Stöckte, im Juni 2013, kündigt sich das Elbehochwasser an, das vor allem den Menschen in Ostdeutschland zu schaffen macht. Da sich erstaunlich genau vorhersagen lässt, wann es uns erreichen wird, können wir alles, was nicht niet- und nagelfest ist und nicht nass werden darf, noch rechtzeitig in Sicherheit bringen. Die Werkzeuge werden hochgebunden, der Motor aus der Winde gebaut, alles auf dem Hof gesichert, und unser Auto parken wir auf dem Deich. Als uns das Hochwasser dann erreicht, überschwemmt es tatsächlich den kompletten Parkplatz und die Slipbahn. Alles steht unter Wasser. Für uns kein Problem: Unsere kleine »Arche« schwimmt sicher oben auf. Da ich morgens aber ins Büro nach Hamburg muss, trägt Ole mich, ganz Gentleman, in Hochwasserhose vom Steg bis zu meinem Auto auf dem Deich.

Aber das Leben mit der Natur hat auch seine Sonnenseiten. Von April bis Oktober genießen wir es in vollen Zügen, nur einen Fuß vor die Tür zu setzen und mittendrin zu sein. An heißen Sommertagen brauchen wir nicht vor überfüllten Freibädern Schlange zu stehen. Wir springen einfach direkt vor der Haustür vom Steg aus ins Wasser, wenn wir Lust auf eine Abkühlung haben.

Und ich liebe es, hier draußen wieder Tiere zu sehen. Ich habe das Gefühl, ich habe seit Jahren nur noch welche hinter Gittern oder an Leinen gesehen, mal abgesehen von den Tauben in der Stadt. Wenn wir früh aufstehen und ganz leise sind, können wir Rehe beobachten, die nur wenige Meter von uns entfernt zum Trinken ans Ufer kommen. Und unser bisheriges Highlight: ein Eisvogel! Wie ein blauer Blitz schießt er knapp über der Wasserfläche an unserem

Fenster vorbei zum Ufer. Manchmal haben wir das Glück, ihn auf einem Zweig sitzen zu sehen mit seinem unwirklich glänzend blauen Federkleid. Wenn man hier nicht zur Ruhe kommt, wo dann? Die Kinder füttern Enten aus dem Wohnzimmerfenster, beobachten die Rehe beim Trinken, und zu ihren ersten Wörtern zählen »Ente«, »Reiher« und – »Trecker«.

Bei Hochwasser schwimmt unser Hausboot auf Uferhöhe. Dann kommt die ganze Schönheit dieses Ortes zum Tragen. Ich liebe diesen Anblick, wenn ich morgens, noch im Bett liegend, aus dem Fenster auf den Steg blicke. Genau da, wo der Steg endet, über dem Wasser, geht die Sonne auf. Der Nebel auf dem Wasser – und diese Stille. (Na ja, es sei denn, es fliegen Gänse oder Möwen kreischend und schnatternd über uns hinweg.) Ich liebe die flackernden Wasserreflexionen an der Zimmerdecke, wenn die Sonne scheint. Es sieht dann aus, als tanzten glitzernde Wellen über die Holzbalken.

Eine Frage, die uns immer wieder gestellt wird, ist die nach dem Ungeziefer. So nah am Wasser gebe es bestimmt viele Mücken. Erstaunlicherweise ist das aber nicht der Fall. Ganz selten verirrt sich im Sommer mal eine Mücke zu uns. Ich glaube, der Grund dafür ist, dass es auf unserem Hausboot nur so von Spinnen wimmelt, die ja die Wassernähe lieben. Ich liebe diese kleinen Achtbeiner. Denn sie liefern mir die beste Ausrede dafür, dass ich bei uns praktisch nie Fenster putze. Ihre kunstvollen Netze, mit denen sie unsere Fensterrahmen schmücken, nenne ich liebevoll »unsere natürlichen Moskitonetze«. Im »Spinnenmonat« August allerdings, wenn die Armada an Moskitojägern manchmal überhandnimmt, sammeln wir auch mal ein paar von ihnen ein und quartieren sie nach draußen um. Eines Tages sammelt Ole mal wieder ein paar Spinnen von unserer Decke ein und lagert sie in einer leeren Haribo-Dose zwischen. Plötzlich rutscht ihm die Dose aus der Hand und fällt auf den Boden. Der Anblick, wie mindestens 50 kleine schwarze Spinnen auf einmal in alle Richtungen auseinandersausen, lässt selbst mir als Spinnenliebhaberin eine Gänsehaut über den Rücken laufen.

Manchmal kommt es vor, dass wir etwas an der Haustür nagen hören. Sobald wir die Tür öffnen, huscht es davon. Und auch in den Wänden hören wir es manchmal rascheln und nagen. Wir wissen nicht, ob es Ratten oder Mäuse sind. Irgendetwas jedenfalls hat schon den halben Bauschaum aus der Lücke zwischen Fassade und Türzarge geknabbert und im Herbst unsere Zierkürbisse aufgefuttert. Ab und zu werden unsere gelben Müllsäcke zerfetzt und der Plastikmüll ist auf dem Hof verteilt. Wir vermuten, dass es die Biberratten sind, die wir schon öfter am Ufer oder schwimmend beobachtet haben und die auch gerne mal unter dem Steg bauen. Die Population der Nutria in Niedersachsen ist in den vergangenen Jahren so sprunghaft angestiegen, dass sie offiziell gejagt werden dürfen, weil sie als Invasoren aus Südamerika großen Schaden anrichten. Uns stören sie aber nicht – und auch ansonsten haben wir nicht viel mit sogenannten »Schädlingen« zu kämpfen. Eines Tages erwischen wir ein Pärchen Nerze dabei, wie sie versuchen, einen Zugang durch unsere Fassade zu knabbern. Eigentlich sind Nerze Einzelgänger. Sie waren wohl in Paarungsstimmung und auf der Suche nach einem geeigneten Ort für ihren Nachwuchs. So flauschig, wie sie aussehen, kann man fast nachvollziehen, weshalb Menschen auf die Idee gekommen sind, sie wegen ihrer Pelze zu jagen. Diese beiden Exemplare müssen Nachfahren der Tiere gewesen sein, die vor einigen Jahren von Tierschützern aus einer Pelztierfarm gerettet wurden.

Eines der häufigsten Vorurteile über Hausboote: Es sei darauf kalt, nass und ungemütlich. Auch ich hatte anfänglich ja genau diese Bilder im Kopf. Oles nur scheinbar etwas plumpe Antwort darauf ist meist: »Na ja, wenn dein Haus nicht gut gedämmt ist und du nicht heizt, wird es auch kalt, oder?« Genau wie bei jedem anderen Gebäude gibt es auch bei einem Haus auf dem Wasser verschiedene Möglichkeiten zu heizen. Die ersten fünf Jahre heizen wir mit einem Holzofen. Der Nachteil liegt auf der Hand: Im Winter müssen wir täglich einen Korb voll Holz vom Ufer über die teils steile und glatte Brücke schleppen. Irgendwann in der Nacht geht der Kamin aus, und am nächsten Morgen ist es ziemlich kalt. Vor allem, wenn wir mehrere Tage nicht zu Hause sind und das Haus in der Zeit überhaupt nicht geheizt wird, gibt es keine gemütliche Heimkehr. Ich erinnere mich daran, wie unsere Hündin Yola eines Tages an einem Eisklumpen in ihrem Hundenapf leckte, als wir nach einem mehrtägigen Ausflug nach Hause kamen.

Trotzdem bin ich froh, dass wir den gemütlichen Holzkamin erst nach der Geburt unserer zweiten Tochter im Winter 2016 gegen einen automatischen Pelletofen ausgetauscht haben. Der kann zwar schön eine Raumtemperatur halten und heizt auch in der Nacht weiter, aber ob man nun einen Korb Holz zum Boot trägt oder einen Sack Pellets, macht nicht so einen großen Unterschied. Und der große Nachteil in meinen Augen: Er ist nicht halb so gemütlich. Das Gebläse dröhnt laut, und es gibt nur eine kleine unruhige Stichflamme hinter der kleinen Glasscheibe anstatt des hypnotisch flackernden Lichts und des romantischen Knisterns des alten Holzkamins.

Hafenhochzeit

Sommer 2015

Ole und ich sind uns im Winter 2009 im legendären Bremer Nachtclub *Lila Eule* begegnet. Das ist die jugendfreie Kurzfassung. Im Detail ist es eine Geschichte, die man nicht unbedingt seinen kleinen Kindern erzählt, wenn sie danach fragen, wie Mama und Papa sich eigentlich kennengelernt haben.

Tatsache ist, dass wir keine fünf Sätze miteinander gesprochen hatten und ich nicht mal sicher bin, ob ich seinen Namen kannte, als ich bereits in seinem Bett lag. Wenn ich darüber nachdenke, finde ich es immer wieder erstaunlich, wie es möglich ist, dass man in einem dunklen, verrauchten und völlig überfüllten Kellerraum, inmitten einer schwitzenden, tanzenden Menschenmenge ausgerechnet mit dem Menschen zusammenstößt, mit dem man dann wenige Jahre später eine Familie gründet. Ich konnte im Dunkeln kaum sein Gesicht erkennen, wusste nicht, ob er überhaupt mein Typ ist, geschweige denn, ob wir uns verstehen würden. Aber das war mir an diesem Abend auch relativ egal. Ist es möglich, dass wir Menschen doch irgendwie einen »Riecher« dafür haben, wer uns sympathisch ist und mit wem wir zusammenpassen könnten, selbst wenn man kein Wort miteinander wechselt? Oder hätte es mit irgendeinem anderen Menschen auf dieser Tanzfläche vielleicht auch funktioniert?

Natürlich weiß ich auch, dass aus 99 Prozent der One-Night-Stands keine dauerhafte Beziehung wird. In meinem

Fall aber hat es beim ersten Mal hingehauen. Auch wenn Ole mir das bis heute nicht glauben mag: Ich hatte so etwas noch nie vorher gemacht. Nach einer schmerzhaften Trennung war ich gerade aus der monatelangen Frustphase erwacht und hatte an diesem Abend das erste Mal beschlossen, aus meinem Schneckenhaus zu kriechen und wieder Spaß zu haben. Wo wäre ich heute, wenn ich mich an diesem Abend noch nicht dazu hätte aufraffen können?

In dieser Februarnacht jedenfalls steige ich das erste Mal in meinem Leben mit einem wildfremden Mann ins Taxi und fahre mit zu ihm. Als ich am nächsten Morgen erwache, kann ich es kaum erwarten, zu verschwinden. Noch nie habe ich mich so unwohl in meiner Haut gefühlt. Ich kann überhaupt nicht nachvollziehen, weshalb Menschen so etwas öfter machen. Als ich meine Sachen auf dem Fußboden verstreut erblicke, stelle ich erschrocken fest, dass ich in der »Hitze des Gefechts« wohl meine Jacke im Club gelassen habe. Es ist Winter – ich kann unmöglich im T-Shirt mit der Straßenbahn durch halb Bremen nach Hause fahren (auch wenn ich den Club gestern Abend genauso verlassen zu haben scheine). Also rufe ich meine Mitbewohnerin Magdalena an – und realisiere erst, als sie verschlafen und hörbar verärgert ans Telefon geht, dass es gerade mal acht Uhr morgens ist. Es ist Sonntag, und sie ist selbst erst vor wenigen Stunden ins Bett gekommen.

»O Mist, ich hab dich geweckt, sorry! Schlaf weiter!«, entschuldige ich mich. Aber sie antwortet: »Jetzt bin ich schon wach! Was gibt's denn?« Ich erkläre ihr die unangenehme Situation, in die ich mich gebracht habe. »Okay, ich hol dich ab und bring dir eine Jacke! Wo bist du denn?«, fragt sie mich. Gute Frage! Wo bin ich überhaupt? Ich drehe mich zu dem fremden Mann neben mir um, stoße ihn vorsichtig an und frage: »Ähm, wo bin ich denn hier?« – »Hm?«, grunzt er schlaftrunken und öffnet nicht mal die Augen. »Hmm, irgendwo in Bremen Mitte!«, murmelt er. »Geht das auch etwas konkreter?«, frage ich schon etwas gereizt. Ich glaube, der will mich verarschen. Doch das Problem ist: Ole ist gerade frisch nach Bremen gezogen und hat seine Adresse tatsächlich noch nicht im Kopf. Aber in diesem Moment fällt mir wieder ein, wo wir aus dem Taxi ausgestiegen sind. »Lena, ich bin bei den Schweinen! Sögestraße! Bis gleich! Und tausend, tausend Dank, du hast was gut bei mir!«

Jahre später lachen wir beide über die Geschichte, doch in diesem Moment findet sie das überhaupt nicht witzig. Aber wozu sind gute Freunde da? Und so macht sie sich an diesem bitterkalten Sonntagmorgen auf den Weg durch die leer gefegten Straßen der Bremer Innenstadt, um mich mit einer Jacke von einem One-Night-Stand abzuholen, der bekanntlich keiner bleiben sollte.

Schnell ziehe ich mich an, nuschele ein »Tschüss« und mache mich auf den Weg nach draußen. Als ich schon ein Stockwerk weiter unten im Treppenhaus bin, ruft er mir plötzlich hinterher: »Hey! Das ist jetzt nicht dein Ernst, oder?« Ich: »Was?« Er: »Na, du willst jetzt nicht einfach gehen, ohne mir deine Telefonnummer zu geben?!«

Sechs Jahre später, im Sommer 2015, stehe ich mit ihm vor dem Traualtar und habe unsere einjährige Tochter auf dem Schoß, die nicht existieren würde, wäre er mir damals nicht hinterhergelaufen.

Eigentlich hatten wir schon 2013 beschlossen, zu heiraten, als logische Konsequenz sozusagen, weil wir im Begriff waren, uns den Hafen zu kaufen. Wir sind beide nicht die größten Romantiker, und Heiraten stand noch nie ganz oben auf unserer To-do-Liste des Lebens. Ich bin ein Scheidungskind und glaube nicht wirklich an die ewige Liebe. Wir haben beschlossen, gemeinsam Kinder in diese Welt zu setzen. Eine festere Verbindung können zwei Menschen meiner Meinung nach ohnehin nicht eingehen. Eine Ehe kann geschieden werden, aber ein Kind verbindet zwei Menschen ein Leben lang, ob sie wollen oder nicht. Aber wir sind eben Pragmatiker – und für eine gemeinsame Lebensplanung hat eine Ehe doch manchen Vorteil. Und für mich war immer klar: *Wenn* ich mal heirate, dann richtig! Wann bekommt man schon mal die Gelegenheit, so eine große Party zu schmeißen, zu der man einfach jeden einladen kann und zu der meistens auch alle kommen? Doch dann kamen der Tod meines Vaters und die Schwangerschaft dazwischen. Weil ich nicht schwanger heiraten wollte, verschoben wir die Hochzeit um ein Jahr auf den Sommer 2015.

Ich weiß, es klingt kitschig, und fast jeder behauptet das von seiner Hochzeit, aber es wird tatsächlich der schönste Tag unseres Lebens. Manche behaupten, nur die Geburten ihrer Kinder würden den Tag der Hochzeit noch übertreffen, aber ich halte das für Quatsch. Klar, der Moment, wenn man sein Kind das erste Mal auf dem Arm hält, ist unschlagbar. Aber der Rest des Tages? Eher nicht so prickelnd.

Unsere Hochzeit ist kein durchgeplantes und organisiertes Event. Sie ist wie wir: Ein bisschen chaotisch, unkonventionell, und es gehört eine große Portion Glück dazu, dass am Ende irgendwie alles gut wird. 120 Gäste sind eingeladen, und wir haben keine überdachte Location. Die Feier findet auf unserem Hafengelände statt, wo sonst. Wir haben Sonnensegel und Pavillons auf dem Gelände verteilt. Aber wenn es in Strömen regnet oder zu kalt wird, ist die Party schnell vorbei. Die meisten Sachen können wir erst am Tag vor der Hochzeit aufbauen und dekorieren, denn die ganze Woche hat es gestürmt und geregnet. Wenige Tage vor der Hochzeit stürzt eine große Weide auf das Gelände und muss noch zerlegt und beseitigt werden. Als hätten wir nicht schon genug zu tun in den letzten Tagen vor der Hochzeit. Andere Paare sind Monate vor ihrer Hochzeit mit der Planung fertig. Bei uns passiert natürlich wieder alles auf den letzten Drücker. Zwei Tage vor der Hochzeit geht Ole mit meiner Schwester einen Anzug kaufen. Am Tag vor der Hochzeit – unser Gelände ist voll mit Helfern, die Paletten-Bänke bunt bemalen und Girlanden basteln – gehen Ole und ich die Ringe kaufen. Wir brauchen zehn Minuten im Juweliergeschäft, gehen danach noch schnell eine Currywurst essen und sind nach nur 30 Minuten zurück bei unseren Helfern. Fassungslos schüttelt meine Schwester den Kopf, als sie uns sieht. »Ihr seid wirklich bekloppt. Wenn ich mal heirate, brauche ich mindestens anderthalb Jahre Vorlaufzeit, und dann gibt es einen auf die Minute durchgetakteten Zeitplan. Den Stress würde ich mir nicht antun!«

Was die Ringe angeht, sind Ole und ich uns von Anfang an einig gewesen – was nicht oft vorkommt. Wir halten es beide für Quatsch, viel Geld für Schmuck auszugeben, wo es doch nur um ein Symbol geht. Ole kann ihn sowieso nicht bei der Arbeit tragen. Und wann arbeitet er denn mal nicht?

Ich bin natürlich diejenige, die seit Monaten Druck macht, zumindest im Kopf Pläne erstellt und sich Sorgen macht. Aber irgendwie schafft Ole es immer wieder, mir all diese Sorgen zu nehmen. Und wie so oft, behält er auch dieses Mal wieder recht. Am Morgen des 1. August 2015 scheint die Sonne, und es wird ein herrlicher Sommertag. Für einige Gäste ist es vielleicht zuerst befremdlich, dass die klassischen Programmpunkte nicht auf der Tagesordnung stehen. Es gibt keine richtige Hochzeitstorte, keine Spiele, keinen offiziellen Hochzeitstanz. Aber für uns ist es die beste Hochzeit, auf der wir je waren. All unsere Freunde und unsere Familien sind da, wir feiern auf unserem eigenen Gelände – was die ganze Angelegenheit nebenbei bemerkt erheblich günstiger macht, als es für Hochzeiten üblich ist –, und unsere gerade einjährige Tochter schläft selig auf unserem Hausboot nur ein paar Meter entfernt, während wir mit Babyphon und einem breiten Grinsen im Gesicht über die Tanzwiese hüpfen. Das Leben könnte nicht schöner sein!

Die Trauung findet im Trauzimmer des Winsener Schlosses statt. Ich komme dummerweise auf die Idee, mich noch kurz vorher glatt zu rasieren und mir selbst die Haare zu schneiden. Irgendwie denke ich, man müsse bei seiner Hochzeit gepflegt aussehen. Leider führt meine Veränderung dazu, dass Line mich nicht mehr erkennt und auf meinem Arm nur noch schreit. Später, als die ersten Gäste eintreffen, laufen sie einfach an mir vorbei, weil mich ohne Bart keiner erkennt. Als Hochzeitsauto habe ich eine Piaggio Ape organisiert, so ein kleines italienisches, motorisiertes Dreirad. Einer unserer Kunden ist der Besitzer und stellt sich zugleich als Chauffeur zur Verfügung.

Wir haben die vergangene Woche bis in die Nacht gearbeitet, um das völlig ungeplante Event zu perfektionieren. Tatsächlich ist dabei eine kleine Festivalhochzeit entstanden, bei der die Stände und Dekoelemente fast ausschließlich aus Bauresten zusammengebastelt sind. Der Treckerschuppen ist jetzt eine Cocktailbar mit kleinem Strand davor, das Windenhaus ist eine Crêpe-Bude, alle Bäume um das Gelände sind bunt angeleuchtet. Es gibt Stände mit Räucherfisch, Gyros- und Pilzpfannen, einen Eiswagen, einen Holzofen-Stand mit Flammkuchen, eine Fotobox und natürlich einen DJ. Am Abend vorher haben meine Freunde Frido und Jonas noch schnell einen Tresen aus altem Holz zusammengebaut. Wir hatten so viele Helfer, die alles gegeben haben, um diesen Tag perfekt zu machen. Die meisten sind mit Wohnmobilen oder Zelten angereist. Die Party ist wirklich schön, und auch noch Jahre später schwärmen die meisten Gäste von unserer Hochzeit. Alles läuft nach Plan. Na ja, fast alles. Kurz nach dem Entzünden der Feuertonnen fliegt eine davon gut einen halben Meter in die Höhe, weil der Beton, auf dem sie stand, aufgrund der Hitze auseinandergesprungen ist. Wieder etwas dazugelernt – und zum Glück ist niemand verletzt worden. Nach dem ersten Schreck betrachten wir es als Hochzeitsfeuerwerk. Weil wir als Paar eben der Knaller sind.

Hafen, Kind, Geld – wie kann das gehen?

Die ersten zwei Jahre als Familie und als Hafenbetreiber stellen uns vor große Herausforderungen. Wir versuchen alles unter einen Hut zu bekommen: Hafen, Kind, Jobs. Und stellen am Ende fest: Es funktioniert nicht.

Als Line 14 Monate alt ist, versuche ich, wieder in meinem alten Job Fuß zu fassen – als freie Redakteurin bei meinem alten Arbeitgeber, der Fernsehproduktionsfirma in Hamburg. Line bringe ich morgens auf dem Weg dorthin zu einer Tagespflege. Der Plan war, dass ich mich nicht wieder fest einstellen lasse, sondern versuche, freiberuflich zu arbeiten und so ein bisschen Flexibilität und Freiheit zu erhalten. Um mehr Zeit für Line zu haben und mich dafür nicht rechtfertigen zu müssen. Doch schon nach kurzer Zeit stellt sich heraus, dass das ein Trugschluss war. Fünf Tage die Woche komme ich erst gegen 19 Uhr nach Hause, wo ich dann meiner Tochter gerade noch einen Gutenachtkuss geben kann. Für Ole bedeutet das, dass er um 14 Uhr alles stehen und liegen lassen muss, um Line aus der Tagespflege abzuholen. Noch dazu hat er sich in Teilzeit bei der Messebaufirma einstellen lassen, damit wir eine monatliche Grundsicherung haben. Für den Hafen bleibt kaum Zeit. Nur wenn ich da bin, um mich um Line zu kümmern, kann er sich dem Hafen widmen, also an den Wochenenden oder spätabends. Gerade jetzt in der Anfangszeit ist das einfach viel zu wenig. Der Hafen verlangt vollen Arbeitseinsatz. Die Liste an Dingen, die dringend erledigt werden müssten, wird immer länger, und unsere Unzufriedenheit wächst von Tag zu Tag. Es bleibt keine Minute für uns oder für ein bisschen Familienleben.

Obwohl wir selbst mehrere Boote haben, kommen wir eigentlich nie dazu, damit Ausfahrten zu machen. Den Hafen verlasse ich damit nur, um jemanden abzuschleppen. Wir wohnen direkt in einem Freizeitparadies – aber wir nutzen es nicht. Denn ohne, dass wir es wollten, sind wir zu einem 24h-Stand-by-Unternehmen geworden. Egal, wo wir sind – wer uns sucht, gibt nicht auf, bis er uns gefunden hat. Wenn wir mit der Familie oder Freunden auf der Terrasse grillen oder ein Feuer machen, dann dauert es meistens nicht lange, und es setzt sich jemand dazu. Oft freut uns das, manchmal ist es aber auch anstrengend. Mittlerweile können wir uns damit in den meisten Fällen gut abfinden. Weit schlimmer ist, dass wir auch auf dem Hausboot quasi rund um die Uhr gesucht werden. Man ist nie sicher, ob nicht gleich jemand klopft oder irgendwer durchs Fenster glotzt. Privatleben und Geschäft sind eins geworden, und das nervt immer mehr. Es fehlt eine Struktur, so viel ist klar.

»So kann das nicht weitergehen!«, sagt Ole eines Abends frustriert, als Line endlich eingeschlafen ist. »Ich schaffe nichts in der Zeit, bis ich Line abholen muss, und zu irgendwelchen Jobs, die Geld einbringen würden, komme ich überhaupt nicht.« Das, was der Hafen an Liegegebühren abwirft, geht eins zu eins an die Bank, um den Kredit abzubezahlen. Alles, was Ole im Hafen arbeitet, ist sozusagen unbezahlt. Man könnte höchstens sagen, er arbeitet dafür, dass wir kostenfrei wohnen können. Jobs, mit denen er Geld verdienen könnte, sind im

Moment nicht drin. Wie auch, wenn er um 14 Uhr schon wieder los muss, um das Kind abzuholen? Aber was das Geld angeht, mache ich mir im Moment ausnahmsweise mal weniger Sorgen. Denn ich verdiene ja jetzt auch wieder Geld. Doch der Preis dafür ist hoch. Ich vermisse mein Kind. Noch dazu fällt es mir jetzt, wo ich anderthalb Jahre »Freiheit« schnuppern durfte, erheblich schwerer, mich wieder in das alte Tretmühlen-Leben einzugliedern. Wie kann man das bloß sein Leben lang machen? Fünf Tage die Woche von morgens bis abends?

Am meisten ärgert mich, dass ich mich trotz meiner Selbstständigkeit – die ohnehin nur auf dem Papier besteht – jedes Mal rechtfertigen muss, wenn ich zum Beispiel mit meinem kranken Kind zum Arzt muss. Bei meiner Chefin, die ja im Grunde nur noch meine Auftraggeberin ist, treffe ich nur auf Unverständnis. »Warum kann das nicht dein Mann machen? Wieso ist dafür automatisch immer gleich die Frau zuständig?« Sie ist so sehr darauf bedacht, dass wir Frauen das gleiche Recht haben wie Männer, uns für den Beruf und gegen die Mutterrolle zu entscheiden, dass es ihr gar nicht erst in den Sinn kommt, dass Ole und ich uns vielleicht ganz einfach und völlig gleichberechtigt abgesprochen haben. Je nachdem, wer wann welchen wichtigen Termin hat, wechseln wir uns mit der Zuständigkeit für unsere Tochter ab. Da er näher an der Tagespflege arbeitet, holt er sie ab und bringt sie zur Arztpraxis. Weil er aber einen wichtigen Kundentermin hat und für mich nichts Wichtiges ansteht, löse ich ihn im Wartezimmer ab.

Es bleibt nicht der einzige Vorfall, durch den mir klar wird: In diesem Job kannst du als Frau nur bestehen, wenn du dich entweder bewusst gegen Kinder entscheidest, so wie die meisten meiner Kolleginnen, oder wenn du kein Problem damit hast, die Zeit mit deinem Kind auf ein

Minimum zu reduzieren und die Erziehung komplett abzugeben. Vorausgesetzt natürlich, du hast einen Partner, der das nicht nur gerne mitmacht, sondern auch die beruflichen Voraussetzungen dafür erfüllt. Man kann eben nicht alles haben.

Es ist März 2016, als für uns beide feststeht: So haben wir uns das nicht vorgestellt. Und wie schon so oft in unserem Leben schlägt just in diesem Moment mal wieder das Schicksal zu – und alles verändert sich ganz von allein.

Aus zwei mach vier

März 2016

Wie vom Blitz getroffen starre ich auf den Teststreifen. Das kann nicht sein! Das darf nicht sein! Line sitzt auf dem Kachelfußboden einer öffentlichen Behindertentoilette. Unter normalen Umständen würde ich sie da nicht so einfach spielen lassen, aber im Moment habe ich nur Augen für diesen kleinen blauen Streifen. Innerhalb von Sekunden schießen mir tausend Dinge durch den Kopf. Line ist anderthalb, und wir hatten gerade das Gefühl, dass es langsam einfacher wird. Die Nächte werden ruhiger, unsere Beziehung als Paar wird wieder etwas besser, weil wir uns nicht mehr nur als Eltern wahrnehmen. Ich habe gerade erst vor ein paar Wochen wieder angefangen zu arbeiten. Wenn ich jetzt zu meiner Chefin gehe und ihr beichte, dass ich schon wieder schwanger bin ... Als mir all die anfänglichen Schwierigkeiten, der Schlafmangel, das nervenaufreibende Gebrüll eines Neugeborenen und meine körperlichen Veränderungen durch Schwangerschaft und Stillzeit einfallen, kommen mir die Tränen. Nach anderthalb Jahren hatte ich gerade das Gefühl, dass mein Körper langsam wieder mir allein gehört und sich fast wieder so anfühlt wie früher. Ich sitze auf dem kalten Fußboden dieser Toilette, halte mir die Hände vor die Augen und lasse den Tränen lautlos freien Lauf. Plötzlich spüre ich, wie kleine zarte Fingerchen meine Hände zaghaft von meinen Augen lösen. Dahinter sehe ich die fragenden und besorgt dreinblickenden blauen Augen meiner Tochter. »Mama taurig?«, fragt sie. Sie nimmt mich in den Arm – oder besser gesagt, sie schlingt ihre kleinen Ärmchen um meinen Hals, weil das die einzige Stelle meines Körpers ist, um die sie herumkommt – und tröstet mich. Und wie von Zauberhand sind alle Ängste und Sorgen verschwunden. Das hier ist ein Geschenk. Auch wenn der Weg sich manchmal schwer und unüberwindbar anfühlt. Wenn da ein zweites kleines Wesen auf dem Weg ist, das auch nur halb so starke Gefühle in mir auslöst, dann immer her damit!

Ole ist nicht halb so geschockt wie ich. Überrascht ist er schon, aber er ist sofort Feuer und Flamme. Eigentlich hatten wir ohnehin immer gesagt, dass wir mehr als ein Kind wollen. Wir sind beide mit Geschwistern aufgewachsen, ein Einzelkind kam für uns nicht infrage. Gerade als Erwachsener wird mir immer häufiger bewusst, wie wichtig mir meine Geschwister sind. Als unser Vater starb, waren meine Geschwister die einzigen Menschen, die genau das Gleiche fühlten wie ich. Wenn ich in ihre Augen sehe, sehe ich unsere Kindheit. Wenn Ole und ich mal nicht mehr sind, möchte ich, dass unsere Tochter auch jemanden an ihrer Seite hat, der oder die ihr dann genauso nah ist. Und für die Kinder ist der Altersabstand perfekt. Wäre das jetzt nicht passiert, wann wäre denn dann der geeignete Zeitpunkt für ein zweites Kind gewesen? Der erneute Absprung aus dem Job wäre vermutlich immer schwieriger gewesen, je länger ich wieder dabei gewesen wäre. Außerdem bestehen die ersten Monate mit einem Neugeborenen ja nicht nur aus Geschrei und Schlafmangel. Je mehr Zeit ich habe, mich mit dem Gedanken anzufreunden, dass wir wieder ein Baby bekommen werden, desto mehr freue ich mich auch auf die vielen schönen Momente. Am Ende ist es wie so oft bei uns: Das Schicksal scheint am besten zu wissen, was das Beste für uns ist.

Das nächste halbe Jahr zieht an uns vorbei – und allmählich entwickelt sich in unseren Köpfen so etwas wie ein Plan. Zumindest wissen wir jetzt, wie es *nicht* geht und was wir *nicht* wollen. Wir werden bald zu viert sein, und deshalb werde ich nicht mehr mit meinem gelernten Beruf Geld verdienen, zumindest nicht in der Fernsehbranche. Irgendwie müssen wir es also hinbekommen, dass wir von dem, was wir im Hafen aufbauen, leben können. Langsam nehme ich in diesen Monaten Abschied von meinem Bürojob und meinem alten Leben. Mit wachsendem Bauchumfang wächst auch meine Abneigung gegen diese künstliche Arbeitswelt. Allein für diese Erkenntnis war meine kurze Rückkehr in den Job es wert. Als ich mit Line im Mutterschutz zu Hause war, hatte ich oft Sehnsucht nach meinem Job. Nun weiß ich, dass ich nicht mehr zurückkann. Und nicht mehr zurückwill. Natürlich: Manches wird mir fehlen. Der Austausch mit Kollegen, das »Rauskommen« aus dem Familienleben mit Kindern und vor allem die kreative und intellektuelle Herausforderung. Aber an meinem letzten Tag vergieße ich keine Träne, als ich dem Büro endlich den Rücken kehre und raus aufs Land fahre – in unseren Hafen, zu unserer Familie, um dortzubleiben. Wie genau wir unsere Zukunft gestalten, das wissen wir noch nicht, aber irgendwas wird sich schon ergeben.

Unser Leben soll öffentlich werden

Oktober 2016

Und genauso ist es: In dem Moment, als ich entscheide, der Fernsehbranche den Rücken zu kehren, kommt die Anfrage vom ZDF. Die Sendung *37 Grad* will über Menschen berichten, die auf einem Hausboot wohnen. Seit wir das tun, kam auch bei mir auf der Arbeit immer mal wieder die Frage auf, ob wir nicht einen Beitrag über uns machen lassen wollten. Solange ich für das Fernsehen arbeitete, kam das für mich aber nicht infrage. Mein Platz war hinter der Kamera, nicht davor. Aber jetzt? Wir wissen zwar noch nicht genau wie, doch irgendwie wollen wir von dem leben, was wir im Hafen aufbauen. Ein gewisser Bekanntheitsgrad kann da nicht schaden. Also sagen wir kurzerhand zu. Das Kamerateam, das uns im Herbst 2016, kurz vor Morlins Geburt, besuchen kommt, ist ein echter Glücksfall. Sie begleiten uns, stellen zwischendurch Fragen, greifen aber nicht groß in unseren normalen Ablauf ein. So soll ein guter Reportagedreh laufen. Da sie den Wechsel der Jahreszeiten dokumentieren möchten, der für unser Leben eine so zentrale Rolle spielt, besuchen sie uns im folgenden Jahr noch an zwei weiteren Tagen, im Winter und im Sommer. Wir merken, dass es Spaß macht, unsere Geschichte zu erzählen – und dass es guttut, auch über die Schattenseiten sprechen zu können.

Als der Beitrag anderthalb Jahre später, im Juni 2018, ausgestrahlt wird, bringt er eine Menge ins Rollen. Durch die Fernsehausstrahlung wird der Ullstein Verlag auf uns aufmerksam und fragt, ob wir ein Buch über unsere Geschichte schreiben wollen. Wir können es erst kaum glauben. Aber worüber denn? Unsere Geschichte füllt doch kein ganzes Buch! Wer soll denn das lesen, das interessiert doch keinen! Aber das Interesse, das uns nach der Ausstrahlung entgegengebracht wird, überzeugt uns vom Gegenteil. Es erreichen uns Hunderte Anfragen von Menschen, die uns im Fernsehen gesehen haben, die uns kennenlernen möchten oder die Fragen zu unserem Leben haben.

Einmal mehr ist es eine kleine Entscheidung, die unser Leben wieder in neue Bahnen lenkt. Unsere Geschichte öffentlich zu machen ist uns nicht leichtgefallen. Natürlich ist es die logische Konsequenz, wenn wir aus den Abhängigkeiten des Tretmühlen-Alltags ausbrechen und etwas Eigenes aufbauen möchten. Wenn wir damit Erfolg haben wollen, müssen wir aus unserem Schneckenhaus raus und uns ein Stück weit nackig machen vor der Welt. Denn was die Menschen interessiert, ist nicht nur das Hausboot. Es ist auch die Geschichte. Wir bekommen E-Mails, die Bewerbungsschreiben gleichen. Manche Menschen wollen zu uns ziehen, eine Art Kommune aus Hausbooten und Tiny-Häusern in unserem Hafen gründen. Das Interesse schmeichelt uns. Wenn wir wollten, könnten wir unseren Hafen locker komplett mit Hausbooten belegen. Aber wollen wir das? Wir erinnern uns an die berüchtigte »Kehrwoche« und den WG-Putzplan und lehnen dankend ab. Ein Grund, weshalb wir uns hier im Hafen so wohlfühlen ist ja, dass wir hier für uns sind, dass wir uns nicht mit anderen Bewohnern absprechen oder uns für unser Chaos entschuldigen müssen. Genau das, was diese Menschen so schön an unserem Leben zu finden scheinen, die

Freiheit und die Ruhe, wäre vielleicht genau damit schon futsch.

In diesem Sommer bekommen wir den lange überfälligen Ego-Push, den Zuspruch und die Bewunderung für das, was wir uns bisher aufgebaut haben, für den Mut und das Durchhaltevermögen. Die Schattenseiten liegen auf der Hand. Viele Menschen gehen von einer unangebrachten Vertrautheit zwischen uns und ihnen aus. Weil wir »in ihren Wohnzimmern« waren, fühlt es sich für sie so an, als würden wir uns ewig kennen. Schon vor dem Beitrag hatten wir gerade am Wochenende das Problem, dass unser Privatleben kaum von der Arbeit zu trennen war. Das Hausboot wurde nicht als unser Zuhause gesehen, sondern oft als eine Art Vereinsheim, in das man einfach eintreten könne, ohne zu klopfen. Als Line gerade ein paar Tage alt war, lag ich mit ihr an der Brust gerade auf dem Sofa, als plötzlich ein fremder Mann vor mir stand. Ole hatte den Schlüssel stecken gelassen, wie wir es oft tun, damit er ihn nicht ständig mit sich herumtragen oder suchen muss auf dem Hof, und damit ich nicht aufstehen muss, um ihm zu öffnen. Halb entblößt und sprachlos fragte ich den Mann, wie ich ihm helfen könne. Er suche nach dem Hafenmeister, antwortete er völlig unbeeindruckt. Und eines späten Abends sitzen Ole und ich auf dem Sofa, als plötzlich hinter uns im Dunkeln jemand ans Fenster klopft. Ich hätte mir fast in die Hose gemacht vor Schreck. Die Entschuldigung war so absurd, dass wir schon wieder darüber lachen mussten: »Weil vorne an der Tür stand *Bitte nicht klopfen*!«

Doch all diese Vorkommnisse waren noch relativ selten, und meistens waren es Kunden, die ihre Boote bei uns liegen haben oder einen Liegeplatz suchen. Nach dem Fernsehauftritt jedoch wird unser kleiner Hafen für kurze Zeit zu einem Pilgerörtchen für Menschen, die von überallherkommen. Immer wieder spazieren Leute vom Deich runter auf unseren Hof – oft einfach nur, um zu schauen oder Fotos zu machen. Oft aber auch, weil sie sich mit uns unterhalten wollen. Sie klingeln an unserer Tür, sonntags und zu jeder Tages- und Nachtzeit, und wecken dabei oft das Kind, das man gerade so mühsam zum Schlafen gebracht hat. Es braucht einige Zeit, sich daran zu gewöhnen und einen Weg zu finden, damit umzugehen. Das Problem ist, dass jeder dieser Besucher meint, er brauche nur fünf Minuten unserer Zeit – und dabei nicht weiß (oder ignoriert), dass er bereits der Fünfte an diesem Tag ist. Die Menschen, die uns E-Mails mit Fragen zum Hausbootleben schreiben, können (oder wollen) nicht wissen, dass wir täglich mehrere Mails dieser Art bekommen. Irgendwann merke ich, dass ich die Hälfte meiner Arbeitszeit damit verbringe, E-Mails mit den immer gleichen Fragen zu beantworten. Ole kommt kaum zum Arbeiten, weil er ständig »nur einen kurzen Kaffee trinken« *muss*. Es grenzt schon an ein Wunder, dass wir nicht kugelrund werden, so viel Kuchen wird uns in diesem Sommer gebracht. Die allermeisten Kontakte sind für sich genommen nett – aber in der Summe würden sie jeden Menschen nerven. So auch uns. Irgendwann ziehen wir die Reißleine. Wir können schlicht nicht jedem eine »kostenlose Beratungsstunde« opfern, der sich selbst auch ein Hausboot bauen möchte oder der einfach nur neugierig ist. Wir möchten gerne anderen dabei helfen, sich diesen Traum zu verwirklichen – aber ohne, dass wir selbst dabei unter die Räder kommen. Doch bevor es so weit ist, haben wir sowieso noch ein anderes Projekt …

Hausbootgeburt

November 2016

Ich kann es nicht fassen. Ich sitze am Fenster und beobachte die dicken Schneeflocken, die vom Himmel fallen. Zentimeter um Zentimeter wächst die Schneeschicht auf unserem Hof und auf dem Steg. Das dritte Mal schon geht Ole die Wege mit Schneeschippe und Streugut ab. Aber nach kürzester Zeit ist von seinen Bemühungen kaum mehr was zu sehen. Im Moment sieht es so aus, als ob er wie so oft recht behalten wird. Ich weiß nicht, ob mich diese Tatsache allein schon wütender macht als die Möglichkeit, dass ich meine romantische Vorstellung von einer gemütlichen Hausgeburt begraben muss. Wer hätte das ahnen können, dass wir ausgerechnet in diesem Jahr so einen frühen und starken Wintereinbruch haben würden?

Zum ersten Mal in unserer gemeinsamen Zeit ist Ole derjenige, der sich Sorgen macht und lieber auf Nummer sicher gehen würde, während ich felsenfest davon überzeugt bin, dass alles gut gehen wird. Vermutlich liegt es daran, dass er zum ersten Mal mehr Zuschauer ist und es nicht um seine Sicherheit geht, sondern um meine und um die unseres Kindes, um die er sich sorgt und die er nicht in der Hand hat. Er muss mir das Steuer überlassen, und das fällt ihm schwer. Oles größte Sorge war von Anfang an, dass uns das Wetter einen Strich durch die Rechnung machen würde. »Was, wenn der Deich zugeschneit ist und die Hebamme nicht mit dem Auto rüberkommt? Und was, wenn du mittendrin doch noch ins Krankenhaus verlegt werden musst und dann die Brücke vereist ist? Stell dir vor, es ist Niedrigwasser und die Rettungskräfte kriegen dich nicht die steile, rutschige Brücke rauf!« Die Schreckensszenarien, die er so bildlich beschreiben kann, machen mir schon ein bisschen Angst. Aber mein Entschluss steht fest: Ich werde mein zweites Kind zu Hause bekommen.

Tatsächlich habe ich diesen Entschluss bereits vor zwei Jahren gefasst, als Line, gerade ein paar Minuten alt, auf meiner Brust lag und ich mich von den schmerzhaftesten zwei Stunden meines Lebens erholte. Lines Geburt war zwar komplikationsfrei, doch für eine erste Geburt ziemlich rasant. Von der ersten Wehe bis zu ihrem ersten Schrei vergingen nur knapp zweieinhalb Stunden. Den Großteil der Geburt verbrachte ich bei hochsommerlichen Temperaturen zusammengekrümmt und schweißgebadet auf dem Beifahrersitz unseres Polos, während Ole aufs Gaspedal drückte. Als wir endlich hollywoodreif mit quietschenden Reifen vor dem Krankenhaus hielten, konnte ich der entgegenkommenden Hebamme kaum noch meinen Namen nennen. Im Kreißsaal angekommen, hatte ich bereits Presswehen, durfte aber laut Hebamme noch nicht pressen, weil mein Körper noch nicht bereit war. Es ging einfach zu schnell. Die Hölle auf Erden. Ich wurde verkabelt und auf dem Rücken liegend untersucht. Ich fühlte mich wie auf eine Schlachtbank gefesselt, umgeben von wildfremden Menschen, denen ich halb nackt und unter schlimmsten Schmerzen hilflos ausgeliefert war. Als Line dann da war, hatten wir einen kurzen glücklichen Moment zu dritt. Doch schon nach kurzer Zeit wurden wir auseinandergerissen, weil es kein Familienzimmer für uns gab und die Besuchszeit auf der Wochenbettstation vorbei war. Und so war jeder von uns allein mit seinen Gedanken und Gefühlen nach diesem aufwühlenden Erlebnis. Die erste

Nacht als Familie getrennt zu verbringen war der Horror für uns beide. Das wollte ich für kein Geld der Welt noch mal erleben.

Nachdem ich im Frühjahr den anfänglichen Schock, erneut schwanger zu sein, verdaut hatte, war meine erste Handlung, eine Hausgeburtenhebamme anzurufen. Denn nun wusste ich genau, was ich wollte: mich nicht mehr vom Fleck bewegen müssen, sobald ich Wehen habe. Auf keinen Fall will ich noch mal bei 180 km/h auf der Autobahn Wehen veratmen und mit einem Rollstuhl durch ein Krankenhaus geschoben werden, während ich angestrengt versuche, nicht zu schreien, um vorbeilaufende Patienten nicht zu erschrecken.

Ich will Ruhe, ich will von Anfang an wissen, wer bei mir sein wird, nämlich Ole und die Hebamme meines Vertrauens und sonst niemand. Und ich will selbst bestimmen, wie ich mich hinlege, setze oder stehe. Ich will keine Kabel und keine piependen Bildschirme, die mich nervös machen, und vor allem will ich, dass wir danach als Familie zusammenbleiben, gemütlich zu Hause, im eigenen Bett. Alles ist vorbereitet. Alle Boote sind aus dem Wasser. Immerhin können nun also keine neugierigen Bootsbesitzer mehr während der Geburt am Fenster vorbeilaufen. Das ist der große Vorteil an der Wintergeburt. Auch dass Ole den Kopf frei hat und die ersten Tage nach der Geburt nicht so viel arbeiten muss. Bis vor einer Woche hatte er noch alle Hände voll damit zu tun, die Boote aus dem Wasser zu holen und den Hafen winterfest zu machen.

Alle nötigen Utensilien stehen bereit, Lines Tagesmutter ist in Rufbereitschaft, und die Hebamme wartet auf meinen Anruf. Nur noch eine Woche bis zum errechneten Entbindungstermin. Line kam 12 Tage vorher. Es könnte also jeden Moment losgehen. Und nun das: Seit gestern Abend hat es nicht aufgehört zu schneien. Der Deich liegt unter einer dicken weißen Decke und wird nicht geräumt. Außerdem liegt Line mit einer Magen-Darm-Grippe flach, und Ole hat Zahnschmerzen und übersteht den Tag nur mit Schmerzmitteln. Eine Geburt und ein Neugeborenes würden hier gerade gar nicht reinpassen. Wie ein Mantra führe ich ein eindringliches Gespräch mit dem kleinen Zwerg in mir: »Noch nicht, kleine Maus! Bitte, bitte, warte noch ein paar Tage!«

Und tatsächlich tut sie uns den Gefallen. Pünktlich am errechneten Geburtstermin, am 18. November 2016, macht sie sich auf den Weg. Der Schnee ist weggeschmolzen, Ole und Line sind wieder gesund, und alle sind bereit für ihren großen Auftritt. Diesmal ist alles ganz anders. Es geht nicht von null auf hundert los, sondern kündigt sich langsam an. Die anfänglichen Wehen sind viel sanfter und ruhiger, ich habe zwischendurch Pausen, und wir können Line beim Abendbrot ganz in Ruhe erklären, was gerade passiert und dass sie heute bei ihrer Tagesmutter Laura übernachten wird. Ole bringt sie weg, und als er gegen 19 Uhr wiederkommt, ist Miriam, unsere Hebamme, auch schon da. Es wird ein gemütlicher und unvergesslich schöner Abend. Das Feuer im Kamin taucht alles in ein warmes flackerndes Licht, das Sofa ist zu einer großen Liegewiese ausgezogen, und Ole kann neben mir liegen und nicht nur passiv danebenstehen wie im Krankenhaus.

Miriam hält sich zurück, hört in regelmäßigen Abständen die Herztöne des Kindes ab, macht sich Notizen und lässt mich ansonsten meiner Intuition folgen. Um 22:20 Uhr erblickt Morlin das Licht der Welt. Sie sieht so makellos und so entspannt aus, als wäre das eben die leichteste Übung gewesen. Alles ist gut gegangen, und wir können die erste Nacht zusammengekuschelt vor dem Kamin verbringen. Ich bin so voller Adrenalin, dass ich die ganze Nacht kein Auge zubekomme. Stattdessen beobachte ich meinen schlafenden Mann, auf dessen Brust sich der kleine Körper unserer neugeborenen Tochter hebt und senkt, und kann mein Glück kaum fassen.

Am nächsten Morgen bringt Laura Line vorbei. Als sie zur Tür hereinkommt, gibt es kein Halten mehr: »Ist meine Schwester endlich da? Meine Schwester ist da!!« Sie rennt auf uns zu und strahlt über das ganze Gesicht. Ganz vorsichtig nimmt sie die winzigen Fingerchen in ihre kleine Hand und gibt ihrer Schwester einen Begrüßungskuss auf die Backe. »Oh, ist die klein! Wie süß!! Hallo, Schwester!« Spätestens jetzt haben wir alle Tränen in den Augen. Vom ersten Moment an ist Line verliebt in ihre kleine Schwester. Ich schaue zu Ole und realisiere: Von heute an sind wir zu viert. Eine richtige kleine Familie. Und ich bin sicher, nicht nur für mich war die Hausgeburt die beste Entscheidung. Ich bin so froh, dass Line ihrer Schwester nicht an einem Ort der Krankheit zum ersten Mal begegnet, sondern in ihrer vertrauten Umgebung, unserem Zu Hause. Dieser Moment, als die beiden Schwestern sich das erste Mal begegnet sind, hat sich für immer in unser Gedächtnis eingebrannt. Und für Morlin war das sowieso der beste Start ins Leben. Wer kann schon von sich behaupten, auf einem Hausboot geboren worden zu sein?

Wir bauen Hausboote!

Zeitgleich mit Morlin kommt im Winter 2016 sozusagen unser drittes Baby zur Welt. Schon seit einigen Monaten hat es in Ole mal wieder gebrodelt – und aus einer anfänglich vagen Idee ist inzwischen ein handfester Plan geworden. Wir wollen unsere mittlerweile fünfjährige Erfahrung nutzen, um anderen zum Traum vom Hausboot zu verhelfen. Gegen Bezahlung, versteht sich. Wir sind ohnehin schon selbstständig. Wir haben den Hafen, also Platz zum Bauen, eine Werkstatt, Trailer, eine Slipbahn, Liegeplätze und das Wichtigste: Erfahrung. Wenn wir uns mit etwas auskennen, dann ist es das Leben auf einem Hausboot und das, was es dabei alles zu beachten gibt. Ganz nebenbei hat uns das Leben sozusagen in die Lehre geschickt. Ole hat über die Jahre so viel über das Hausbootleben gelernt, wie man es nur tut, wenn man selbst auf einem lebt und ständig daran herumrepariert und -baut. Könnte das die Lösung sein? Wenn wir gemeinsam ein Unternehmen aufbauen, das mit dem Hafen im Einklang steht, mit dem wir zusätzlich Geld verdienen, ohne das Gelände groß zu verlassen und bei dem ich auch meinen Platz finde?

Nächtelang sitzt Ole an Zeichnungen und baut in seiner Werkstatt an einem Modell für ein kleines, modernes Hausboot. Als es endlich fertig ist und er es mir mit einer Begeisterung vorstellt, die ich schon seit langer Zeit nicht mehr bei ihm gesehen habe, weiß ich: Das ist mehr als nur sein nächstes Projekt. Das ist sein Plan für unser Leben.

Die Idee ist, mit der finanziellen Hilfe eines befreundeten Investors erst mal ein Musterhausboot zu bauen, das Interessenten als Besichtigungsobjekt und zum Testwohnen dienen soll. Und nebenbei können wir damit noch etwas Geld verdienen, wenn wir es an Feriengäste vermieten.

Diesmal soll kein fertiger Schwimmkörper gekauft und nur das Haus darauf gebaut werden. Ole will auch den Rumpf von Grund auf selbst schweißen. »So weiß man, was man hat.«

Als wir den Hafen gekauft haben, war uns klar, dass dieser allein uns finanziell nicht über Wasser halten wird. Von Anfang an haben wir deshalb versucht, das bestehende Angebot zu erweitern. Ursprünglich dachten wir dabei an einen Reparaturservice für Boote und vielleicht ein kleines Café auf dem Gelände. Die Servicearbeiten stelle ich jedoch nach gut zwei Jahren nahezu komplett ein, weil die meisten Bootseigner nur die undankbarsten Arbeiten abgeben, wie beispielsweise das Überarbeiten des Unterwasserschiffes. Und obwohl ich nur knapp ein Viertel der für diese Arbeiten üblicherweise anfallenden Kosten verlange, muss ich regelmäßig über meine Preise diskutieren.

Für Gastronomie müssten wir zuerst wieder investieren. Wir sind allerdings nicht risikobereit genug, um dafür einen Kredit aufzunehmen. Also nehme ich weiterhin Aufträge der verschiedensten Kategorien an. Ob der Bau von Fotoautomaten, Winterdienst, Bootsausbau, Motorenservice, Möbelbau oder den Bau einer Sauna – ich sage eigentlich zu allem JA. Mein Problem ist dabei weiterhin die Antwort auf die Frage: »Was machst du eigentlich beruflich?« Meine Entgegnung kommt immer etwas nachdenklich: »Eigentlich alles, ach ja, und wir betreiben einen kleinen Sportboothafen.« Gerne würde ich sagen, dass ich irgendetwas Spezielles mache oder irgendetwas mein Spezialgebiet ist, aber das kann ich leider nicht. Irgendwer hat einmal gesagt: »Er kann fast alles, aber nichts richtig.« Das war zwar gar nicht auf mich gemünzt, aber diesen Spruch habe ich mir gemerkt, und ich denke in dieser Zeit oft darüber nach.

Im Herbst 2016, als klar ist, dass ich bald eine vierköpfige Familie zu ernähren habe und Jill ihren Job aufgibt, überlege ich dann erneut, wie ich etwas ändern kann. Ich brauche ein Produkt, eine Bezeichnung für meinen Beruf. Schon zu Beginn unserer Hausbootzeit haben wir mal darüber nachgedacht, weitere Hausboote zu bauen und vielleicht Hausboothersteller zu werden, aber wo sollte man das nötige Kleingeld dafür auftreiben? Und vor allem: Wo sollte man die Hausboote bauen? Den Platz haben wir jetzt immerhin. Fehlt noch das Kapital.

Wichtig ist mir, dass alles viel besser geplant ist als beim ersten Mal. Themen wie die Abwasserentsorgung, die Risse in den Wänden sowie der Zugang zur Bilge müssen von Anfang an geklärt sein. Ich beginne also einfach mal ein paar Entwürfe zu zeichnen. Die sind sicher nicht so professionell, wie sie ein Architekt oder ein Technischer Zeichner machen würde, aber für mich selbst reichen die Pläne allemal. Die Euphorie, in die mich der Gedanke versetzt, ich könnte mich eines Tages als professionellen Hausbootbauer bezeichnen, packt mich beim Zeichnen. So entsteht beispielsweise auch eine Idee von modularen Hausbooten.

Kurz vor Weihnachten fasse ich dann den Entschluss, einen Investor zu suchen. Jill muss ich diesmal nur kurz überzeugen – wobei ich mir nicht ganz sicher bin, ob sie sich einfach damit abgefunden hat, dass ich ständig neue Einfälle und Pläne habe, oder ob sie dieses Mal wirklich selbst abfährt auf die Idee. Zuerst baue ich in meiner Werkstatt ein kleines Hausbootmodell. Bei der Bank frage ich diesmal gar nicht erst nach einem Kredit, da ich bei meinen letzten Geschäftsideen nicht mal bis zum »Bitte setzen Sie sich« kam. Also frage ich einen Bekannten, ob er uns das Geld leiht. Eine Art erfolgsabhängiger Rückzahlungsplan ist schon aufgestellt. Ich muss nicht im Ansatz so viel Überzeugungsarbeit leisten, wie ich erwartet hatte. »Das machen wir«, sagt er ziemlich schnell. Ich bin Feuer und Flamme und beginne gleich am nächsten Morgen nach einem Schiffskonstrukteur zu suchen, der uns den Rumpf entsprechend der notwendigen Festigkeit berechnen kann. Wie er grundsätzlich aussehen soll, ist bereits klar, allerdings sollen die Hausboote ein CE-Zertifikat als Sportboot erhalten, und dafür sind diese Berechnungen Vorschrift. Die Suche stellt sich allerdings als sehr schwierig heraus. Ich führe so viele Telefonate, frage so viele Firmen an und kontaktiere so viele Zertifizierungs- und Klassifizierungsgesellschaften, dass sich langsam wieder Frust breitmacht. Irgendwann beschließe ich, mir die DIN-Normen zu beschaffen und es selbst zu errechnen – aber mir wird schnell klar, dass man sehr viele Normen beachten muss und dass diese keineswegs kostenlos zur Verfügung stehen.

Ich finde heraus, dass man in manchen Uni-Bibliotheken Einblick in die EU-Normen hat, man diese aber nicht ohne Studentenausweis ausdrucken darf. In der Bibliothek der TUHH-Harburg in den Normen zu stöbern und mir Notizen zu machen bringt es nicht, stelle ich schnell fest. Mit ein bisschen Kleingeld bewaffnet, stelle ich mich also vor der Bibliothek auf und überrede einen Studenten, mir die Normen auszudrucken. Aus eigener leidvoller Erfahrung weiß ich, dass Studenten immer Geld brauchen …

Leider sind die Normen, die für die Berechnungen wirklich relevant sind, so undurchsichtig für mich, dass ich sehr lange brauche, um mich einzulesen. Doch dann kommt endlich eine Rückmeldung auf meine vielen Anfragen. Ein

Konstrukteur aus Kiel ist bereit, mir die Berechnungen zu machen. Ich bin ganz froh, dass ich die Normen jetzt wieder zur Seite legen kann. Während die Berechnungen in Gang gesetzt werden, lasse ich mir Angebote für den Stahl, die Farbe und die Anoden schicken. Das ganze Prozedere erstreckt sich über gut zwei Monate, sodass ich in der Zwischenzeit auch schon den Aufbau, also das Haus, planen kann. Und dann ist es endlich so weit: Die Papiere für den Rumpf sind da!

Diesmal alles anders

Frühjahr 2017

Im April geht es los: Die großen Stahlplatten für den Rumpf werden geliefert. Ole hat ein großes Partyzelt auf dem Hof aufgebaut, damit er auch im Regen schweißen kann. Die erste Hürde ist, alle Platten an ihren Platz zu heben. Jede wiegt gut 70 Kilogramm, und Ole muss jede einzelne allein heben. »Die nächste Investition ist definitiv ein Gabelstapler!«, sagt er völlig erschöpft, als endlich alles an seinem Platz ist. Voller Tatendrang beginnt er, Platte für Platte aneinanderzuschweißen. Fasziniert beobachte ich, wie er Stück für Stück einen Schiffsrumpf aus dem Nichts zusammensetzt. Und gleichzeitig beobachte ich, wie ihm schon bald die Luft ausgeht. Die Bedingungen sind mal wieder alles andere als optimal. Es ist Mai, und unter dem Zeltdach sind es bei sommerlichen Temperaturen über 40 Grad. Hier stauen sich die Hitze und der Gestank vom Schweißen. Um sich vor der heißen Glut zu schützen, muss Ole aber trotzdem in voller Schutzkleidung und mit Schweißerhelm arbeiten. Jede halbe Stunde muss er eine Pause einlegen und an die frische Luft kommen. Zwischendurch gibt es natürlich auch immer wieder Arbeiten, die im Hafen anliegen. Und so zieht sich der Bau des Rumpfes über den gesamten Sommer.

Die Schweißarbeiten am Rumpf ziehen sich in der Tat ziemlich in die Länge. Damit alles gerade wird, musste ich zunächst eine Art Richttisch

– 12 Meter lang, 5 Meter breit – bauen, um die Bleche sauber auszulegen. Alle Platten müssen nach dem Auslegen erst einmal angeheftet werden, anschließend die Spanten und Schotten. Die Spanten dienen zur Verstärkung des Rumpfes. Die Schotten sind durchgehende Wände, die den Rumpf in mehrere Abteile unterteilen. Sollte das Boot irgendwo leckschlagen, würde nur eine Abteilung volllaufen.

Das riesige Schweißgerät – mal wieder ein Schnäppchen bei eBay – wiegt gute 200 kg und muss ständig hin und her transportiert werden. Jedes Mal muss ich das Zeltdach aufklappen, es mit dem Trecker herausheben und an neuer Stelle wieder absetzen. Damit sich der Rumpf beim Durchschweißen nicht verzieht, arbeite ich auf Rat eines Experten sternförmig von innen nach außen. Damit muss ich das Schweißgerät wieder unzählige Male von A nach B heben. Es ist so heiß, dass ich in dem Partyzelt kaum Luft bekomme. Fange ich frühmorgens an, tropft mir das Schwitzwasser vom Vortag auf den Kopf und auf den blanken Stahl, das über Nacht am Zeltdach kondensiert ist. Aber am Ende des Sommers steht diese riesige Wanne fertig auf dem Hof. (Inzwischen habe ich längst eine Idee, wie die Konstruktion beim nächsten Mal einfacher werden könnte.) Im Herbst stelle ich dann innerhalb kürzester Zeit den Holzrahmen des Hauses auf. Diesmal ist alles gut vorbereitet und vormontiert.

Ich werde oft gefragt, wie ich das Hausboot zu Wasser lassen will. Geplant habe ich, den Rumpf mit mehreren Kurbelwinden ein wenig anzuheben und einen großen Anhänger drunterzuschieben. Wenn das nicht klappt, muss ich halt einen Kran ordern. Als dann der Tag kommt, an dem ich beschließe, den Rest auf dem Wasser weiterzubauen, da das Eigengewicht des Hausbootes sonst zu hoch wird, entschließe ich mich aufgrund des geringeren Aufwandes zur Kranvariante. Aber leider habe ich die Rechnung ohne den Deichschutz gemacht: Am Telefon erklärt man mir, dass der Kran ein so hohes Eigengewicht habe, dass er nicht über unseren Deich fahren dürfe, da dieser sonst zerdrückt werde. Ich muss also doch auf die andere Variante zurückgreifen und beginne mit dem Umbau eines entsprechenden Anhängers. Nachdem ich neue Träger und neue Reifen montiert habe, wird der Rumpf Stück für Stück angehoben, bis der Anhänger darunter passt. Und dann geht es los. Zentimeter um Zentimeter manövriere ich unser zukünftiges Aushängeschild mit dem Trecker von unserem Hof um die Kurve zur Slipbahn. Das Zuwasserlassen klappt ohne Probleme, der Rumpf ist dicht. Es schwimmt! Auch wenn es noch nicht ganz ein Hausboot ist, so kann ich zumindest schon mal behaupten, ein 44 Quadratmeter großes Boot von Hand geschweißt zu haben.

Auf dem Wasser zu bauen ist ähnlich wie an Land – nur dass man alle Baumaterialien einzeln über die Brücke und den Steg zum Hausboot tragen muss. Das Haus ist bereits regendicht. Nur die Fenster hatte ich noch ausgelassen, weil ich befürchtete, sie beim Transport über den Hof zu beschädigen. Als erste Maßnahme auf dem Wasser baue ich nun also mit der Unterstützung von ein paar freiwilligen Helfern aus dem Dorf die Fenster ein. Gleich darauf verlege ich die Stromkabel. Nun gibt es sogar schon Licht an Bord. Im Dunkeln sieht es richtig toll aus, wenn die großen Panoramafenster erleuchtet sind. Nachdem ich die Wasserleitungen verlegt habe, kommen die Rigipsplatten an die Wände. Die sorgfältige Planung hat sich bezahlt gemacht. Obwohl es noch eine Baustelle ist, fühlt es sich irgendwie schon richtig gemütlich an – vor allem, wenn man am Fenster steht und das Gefühl hat, direkt über dem Wasser zu schweben.

Es ist mittlerweile Frühsommer 2018, und eigentlich

sollte das Hausboot schon fertig sein. Gott sei Dank scheint unser Investor überhaupt nicht beunruhigt. Oder ist vielleicht genau das der Grund für die Verzögerung? Brauche ich den Druck von außen? Okay, dann machen wir uns den eben selbst. In der kommenden Woche läuft der ZDF-Beitrag über uns im Fernsehen. Jill und ich beschließen, das als »Tritt in den Hintern« zu nutzen. Wir legen fest, dass das Hausboot ab August 2018 gemietet werden kann und dass wir das ab jetzt auch öffentlich verkünden. Neben dem Hausbootbau fallen allerdings im Hafen wieder viele Arbeiten an – und ich muss alles allein machen. Es ist also mal wieder ein Endspurt angesagt.

Die ersten Gäste

Sommer 2018

Ursprünglich war der Plan, dass das neue Hausboot pünktlich zur Fernsehausstrahlung der ZDF-Reportage fertig ist. Interessierte Zuschauer sollten dann beim Surfen gleich eine Homepage mit schönen Fotos vorfinden und ihren Hausbooturlaub direkt buchen können. Und vielleicht würden wir ja Glück haben und ein potenzieller Käufer wäre unter den Zuschauern! Aber es ist einfach nicht zu schaffen. Um sich voll auf das Hausboot konzentrieren zu können, bräuchte Ole einen Angestellten, der sich um den Hafen kümmert.

Als der Fernsehbeitrag im Juni 2018 über unfassbare drei Millionen Bildschirme flimmert, befindet sich unser Musterhausboot noch im Rohbau. Eine Homepage mit Fotos des gemütlichen Innenraums gibt es also natürlich auch noch nicht. Na, was soll's – dann muss es eben so funktionieren. Und das tut es: Noch am selben Abend erreichen uns Unmengen von Anfragen per E-Mail oder SMS, und auf Facebook trudeln im Sekundentakt Nachrichten von wildfremden Menschen ein, die der Beitrag inspiriert hat und die uns über Google gefunden haben. Wir sind sprachlos. So eine große und positive Resonanz hatten wir nicht erwartet. Und das Interesse reißt nicht ab. Noch Monate später besuchen uns viele Menschen oder schreiben uns Interessenten, die den Beitrag in der Mediathek gesehen haben. Innerhalb kürzester Zeit ist das Ferienhausboot bis in den Winter praktisch ausgebucht. Die Leute buchen blind einen Urlaub bei uns – ohne Foto, ohne Referenz. Für ein Ferienquartier, wohlgemerkt, das noch nicht mal fertig ist. Durch das Annehmen der ersten Buchung setzen wir uns selbst endgültig die Pistole auf die Brust: Ab Anfang August wird vermietet, komme, was da wolle.

In den letzten Wochen arbeitet Ole Tag und Nacht. Er hat sich zum Ziel gesetzt, trotz des Zeitdrucks nicht mit Kompromissen anzufangen. Er will keine Abstriche mehr machen, keine Provisorien akzeptieren. Diesmal soll alles perfekt sein. Wochenlang spachtelt er die Wände, Schicht für Schicht, und ich halte ihn schon für völlig bekloppt. Für meine Begriffe ändert sich über Tage nichts. Ich sehe keinen Fortschritt und verstehe seinen Ehrgeiz nicht.

Als ob wir nicht schon genug Stress hätten, haben wir uns ausgerechnet für dieses Jahr ein großes Sommerfest vorgenommen. Parallel zum Hausbootbau organisieren wir also für die erste Augustwoche auch noch eine Party für schätzungsweise 300 Leute. In der Woche vor dem großen Hafenfest campen viele unserer Freunde bei uns auf dem Gelände und packen mit an. Es wird gehämmert, gemalt, Buden und Bänke werden aufgebaut und dekoriert. Am Ende wird es ein schönes Fest, zu dem allerdings sehr viel weniger Gäste kommen als erwartet, weil wir bewusst auf Werbung und Einladungen verzichtet haben. Außerdem sind wir beide so am Ende, dass wir uns am liebsten in eine Ecke verkriechen und schlafen würden, als die Party losgeht. Manche Veranstaltung muss vielleicht einzigartig bleiben, und eine Wiederholung kann nur enttäuschend sein. Für uns ist es eine sehr lehrreiche Erfahrung. Wir müssen uns eingestehen, dass wir uns zu viel vorgenommen haben, und uns hinterfragen: Wieso eigentlich tun wir uns immer diesen Stress an? Innerhalb einer Woche haben wir ein Sommerfest und Lines vierten Geburtstag gefeiert und nebenbei das neue Hausboot fertiggestellt. Und noch in derselben Woche ziehen die ersten Gäste ein: eine vierköpfige Familie aus Bremen.

Am Tag vor ihrer Ankunft fahre ich zu IKEA, um die Einrichtung zu kaufen. Ole hat bereits den Großteil der Möbel besorgt, ich soll mich nun um den »Kleinkram« kümmern. Ich habe drei Stunden Zeit, bis ich die Kinder aus dem Kindergarten und von der Tagesmutter abholen muss. Unter Zeitdruck einkaufen ist nicht so meine Stärke. Und was ich unterschätzt habe: Für ein Ferienhaus braucht man ja mehr als nur ein paar Handtücher und Bettwäsche. Ich muss einen ganzen Haushalt einrichten, vom Mülleimer bis zur Kuchengabel. Am Ende stehe ich mit zwei überladenen Wagen und völlig fertig mit den Nerven in der Kassenschlange – und bezahle über 2000 Euro. Warum nur muss bei uns immer alles auf den letzten Drücker passieren?

Als ich meine Beute zu Hause ausladen will, kommt mir mein gereizter Ehemann entgegen: »Du kannst alles im Auto lassen, drinnen ist noch nichts fertig. Wir können die Sachen nicht einräumen, solange die Schränke nicht fertig aufgebaut und geputzt sind!« Ole ist genervt. Kein Wunder, er hat seit 48 Stunden praktisch durchgearbeitet und kaum geschlafen. Schon zwei Mal musste er das Waschbecken im Baumarkt umtauschen, weil es gebrochen war. Beim ersten Mal dachte er noch, er hätte es aus Versehen beim Transport kaputt gemacht, und wir waren froh, dass sie im Baumarkt so kulant waren. Doch als das zweite dann auch kaputt im Karton liegt, platzt ihm der Kragen.

Zum Glück helfen ein paar Freunde beim Endspurt. Ein befreundeter Elektriker und sein Sohn kümmern sich um die Verkabelung und installieren Lampen und Schalter, während Ole das Bad fertig macht. Die ganze Nacht baut er Möbel auf. Und trotzdem schafft er es nicht.

Als am nächsten Tag unsere ersten Gäste anreisen, ist das

Hausboot nicht bereit für sie. Dusche und Toilette funktionieren noch nicht. Es gibt kein Wasser an Bord. Es ist uns mehr als unangenehm. Sofort bieten wir ihnen an, ein Hotel zu bezahlen. Aber wir haben unglaubliches Glück mit ihnen. Verständnisvollere und geduldigere Gäste hätten wir uns für den missglückten Start nicht wünschen können. Die Familie reist mit einer dreijährigen Tochter und einem kleinen Baby an. Ich weiß, wie es ist, mit kleinen Kindern zu reisen. Wenn man aus dem Auto steigt, möchte man nur noch schnell ein Zimmer, sich ausbreiten, sich ausruhen. Nichts dergleichen können wir ihnen bieten. Aber sie bleiben tiefenentspannt. Unser Joker an diesem Tag ist Line: Innerhalb kürzester Zeit ist das kleine Mädchen ihre beste Freundin, und die beiden toben über unseren Spielplatz und planschen gemeinsam im Pool, als würden sie sich schon ewig kennen. Das Wetter ist an diesem Tag auch auf unserer Seite, und so kann ich den ganzen Nachmittag mit der Familie draußen verbringen, während Ole und seine Helfer drinnen bei den letzten Handgriffen schwitzen. Am Abend, mit einigen Stunden Verspätung, kann die Familie endlich einziehen und unser Ferienhausboot einweihen. Wir atmen durch und stoßen an.

Und dann: auf zum nächsten Projekt … (Bevor Sie es sagen, sag ich es lieber selbst: Ja, wir sind bekloppt.)

Auf dem Wasser geerdet

Als wir darüber nachdachten, ein weiteres Hausboot zu bauen und es an Feriengäste zu vermieten, bezweifelte ich stark, ob überhaupt irgendjemand Urlaub in Stöckte machen möchte. Ich selbst hatte vorher noch nie von diesem Fleckchen Erde gehört. Und auf den ersten Blick gab es für mich hier – obwohl ich mich ja so sauwohl und angekommen fühle – nichts, das einen dazu bewegen könnte, hier seinen Urlaub zu verbringen.

Ich hatte mir vorher überlegt, wie ich unser Domizil bewerben könnte: mit der Nähe zu Hamburg und der Lüneburger Heide, mit Bootsausflügen auf der Elbe und in den Hamburger Hafen und so weiter. Bald aber wird uns klar, weshalb die meisten Leute eigentlich zu uns kommen. Es sind nicht unbedingt die touristischen Highlights dieser Region. Eigentlich ist sogar relativ nebensächlich, wo wir mit dem Hausboot liegen. Manche kommen nur aus Hamburg und wollen mal raus aus der Hektik der Stadt, die Stille genießen. Eine Frau schreibt in unser Gästebuch: »Sich auf einem Hausboot geerdet fühlen – eigentlich ein Widerspruch in sich. Aber genau so fühlt es sich an.« Für viele ist es eine Auszeit.

Andere wiederum sind auf der Suche nach Abenteuer, ohne dabei um die halbe Welt fliegen zu müssen. Sie kommen aus Süddeutschland, aus der Schweiz, von überallher, den weiten Weg bis in unser beschauliches Stöckte. Und das, obwohl wir bei Weitem nicht die einzigen Anbieter in

Deutschland sind, bei denen man Urlaub auf einem Hausboot machen kann.

Als uns immer mehr E-Mails von Leuten erreichen, die den Beitrag gesehen haben, dämmert uns, dass es manchen vielleicht gar nicht nur um das Hausboot geht. Es geht um das Gesamtpaket – um etwas, das wir für viele Menschen offenbar verkörpern. Ohne es beabsichtigt zu haben, sind wir zur Projektionsfläche für eine Sehnsucht geworden, die viele Menschen umtreibt. Es geht darum, aus dem Alltäglichen auszubrechen – aus einem System, in dem der Lebensweg von klein auf vorgezeichnet ist (oder scheint?) und das die meisten Menschen kaum infrage zu stellen wagen.

Natürlich sehen die Menschen nur einen klitzekleinen Ausschnitt unseres Lebens. Sie sehen sozusagen den »Best-of«-Zusammenschnitt: einen Bullerbü-Trailer, in dem nur die besten Szenen gezeigt werden. Viele schwärmen von der Harmonie, die wir als Familie ausstrahlen. Als wir das hören, müssen wir beide laut lachen. Ich glaube, den meisten ist natürlich klar, dass unser Familienalltag genauso stressig und voller Streitereien und Kompromisse ist wie der jeder anderen Familie auch. Aber was am Ende im Gedächtnis bleibt, ist, dass wir irgendwie etwas anders gemacht haben. Dass wir den Mut hatten, den üblichen Weg zu verlassen und ins Ungewisse zu steuern.

Und noch etwas imponiert vielen Besuchern. Der häufigste Kommentar, wenn uns jemand zum ersten Mal besucht, lautet: »Das hat Ole alles allein gebaut?!« Für die meisten Menschen ist es einfach unvorstellbar, dass ein Mensch allein so etwas schaffen kann. Wie kann es sein, dass sich jemand mit Motoren auskennt, aber auch mit Holzbearbeitung, Stahl, Sanitär, Elektrik und so weiter? Wie kann man mit seinen eigenen zwei Händen ein ganzes Haus, geschweige denn eines mit Schwimmkörper darunter bauen? Dabei war es noch vor einigen Jahrzehnten gar nicht so ungewöhnlich, dass die Menschen alles Mögliche selbst gemacht haben. Sie konnten es sich schlicht nicht leisten, für alles Fachkräfte zu bezahlen. Und innerhalb der Familien wurde noch viel mehr praktisches Wissen und Können weitergegeben. Ich glaube, Ole ist sozusagen einer der »Letzten seiner Art«. Einer, der von allem ein bisschen kann – und wenn mal nicht, bringt er es sich eben selbst bei.

Zugegeben, in vielen Fällen lohnt es sich einfach nicht mehr, Dinge selbst zu bauen oder zu reparieren. Weil alles so billig geworden ist, kaufen wir die Dinge heutzutage eher neu – obwohl wir wissen, dass das das Gegenteil der Nachhaltigkeit ist, die unser Planet zum Überleben braucht. Aber wer sich heute seine Klamotten selbst nähen will, zahlt für den Stoff mehr als für ein (oft für Hungerlöhne oder mit Kinderarbeit gefertigtes) Kleidungsstück von der Stange. Dasselbe gilt für Möbel oder Elektronikgeräte. Wenn man die Arbeitszeit berechnet, die Ole darauf verwendet, Dinge selbst zu bauen oder zu reparieren, die wir auch neu kaufen oder in Auftrag geben könnten, kommt man schnell zu dem Schluss, dass wir nichts sparen, wenn nicht sogar draufzahlen, weil er in derselben Zeit auch hätte Geld verdienen können. Aber so rechnet Ole nicht. Für ihn geht es um mehr als ums Geld. Es geht auch darum, zu wissen, wie etwas funktioniert. Wenn man etwas selbst gebaut hat, weiß man auch, wie es zu reparieren ist, wenn es kaputtgeht. Früher konnten die meisten Autofahrer noch selbst Hand anlegen, wenn am Motor etwas nicht stimmte. Wenn man heute eine Motorhaube öffnet, erkennt man ja kaum mehr, dass unter den vielen Abdeckungen ein Motor versteckt ist. Kaum etwas ist mehr so konzipiert, dass man es selbst reparieren könnte.

Verlernen wir das praktische Leben, indem wir immer

mehr Arbeiten delegieren und Gegenstände bei Problemen lieber gleich neu kaufen? Viele von uns können gerade noch eine Glühbirne auswechseln, mich eingeschlossen. Und je mehr das so ist, desto stärker wird der nostalgische Drang nach einem »echten«, geerdeten Leben – und sei es nur im Urlaub.

Ich weiß nicht, ob es eine selektive Wahrnehmung ist, aber ich habe das Gefühl, dass es seit einigen Jahren wieder einen Trend hin zum Selbermachen gibt. Eine Generation von Webdesignern und Computerspezialisten zelebriert das Handwerkertum. Ironischerweise im Netz – auf YouTube, Instagram und Facebook. Einer der größten deutschen YouTube-Stars ist ein DIY(Do it yourself)-Heimwerker in den Mittzwanzigern. Fast eine Million Abonnenten verfolgen regelmäßig, wie *Fynn Kliemann* in seinen Videos hämmert, bohrt, sägt und sich selbst dabei immer mehr handwerkliche Fähigkeiten aneignet. *Spiegel*-Redakteurin Elisa von Hof schrieb im Januar 2019 über ihn: *»Fynn Kliemann, das ist ein Lebensgefühl: Rost abkratzen, Stück dran schweißen, ›Kacke‹ brüllen, neu lackieren. Die Millennial-Sehnsucht nach Autarkie, nach Dorf, Freiheit und Opas Selbstgebranntem – sie wird nirgendwo so gut bedient wie hier.«*

Und noch einen Trend verkörpert Kliemann: Er hat – ganz bodenständig – mit seiner langjährigen Freundin einen alten Bauernhof gekauft. Mitten in der niedersächsischen Provinz. Vielleicht sind wir also sogar einfach Teil einer immer größeren Community von »Millennials«, die es wieder raus aus den Städten zieht. Der neue Kiez ist der Dorfladen. Hipster aus Berlin und Hamburg zieht es in die verlassenen Dörfer in Brandenburg, Mecklenburg-Vorpommern und Niedersachsen. Wer weiß, vielleicht erledigt sich das Problem der Landflucht im Osten also bald von ganz allein?

Aber auch bei denen, die in den Städten bleiben, ist der DIY-Trend angekommen. Es entstehen immer mehr sogenannte *Urban gardens*: kleine Nutzgärten in Hinterhöfen und auf den Dächern von Hochhäusern, wo Städter, die den ganzen Tag vor dem Bildschirm verbringen, plötzlich wieder mit bloßen Händen Kartoffeln aus der Erde wühlen können. Ich glaube mittlerweile, je digitalisierter und komplexer die Welt, desto größer die Sehnsucht nach Dreck unter den Fingernägeln und danach, mit all seinen Sinnen etwas zu spüren und mit seinen Händen etwas zu erschaffen.

Seit den 80er- und 90er-Jahren waren vor allem Berufe in der Kreativbranche, in der Finanz- oder Computerwelt angesehen. Nur wer am Schreibtisch sitzend und mit seinem Kopf arbeitend Geld verdiente, hatte wirklich etwas erreicht, so der gesellschaftliche Konsens. Menschen, die »gezwungen« waren, körperlich zu arbeiten, wurden eher von oben herab betrachtet. Ich glaube, heute gibt es bei manchen Menschen ein Umdenken, weil sie das Glück und den Stolz wiederentdecken, die man empfindet, wenn man etwas mit seinen eigenen Händen erschaffen hat. Und vielleicht liegt hier auch der wahre Grund für das Interesse an uns: Wir repräsentieren für viele Menschen dieses »geerdete Leben«, nach dem sie sich sehnen, weil sie in einer gefühlt »künstlichen Welt« leben und sich in ihrer Arbeits-Alltäglichkeit gefangen fühlen.

Der Weg ist das Ziel?

Der Antrieb für all die Entscheidungen, die uns hierhergeführt haben, kam immer von Ole. Doch den Drang, ins Ungewisse zu starten und sich einfach überraschen zu lassen, hatte ich auch schon immer in mir. Kaum hatte ich mein Abi in der Tasche, saß ich im Flugzeug nach Australien, mit einem Rucksack und einem *Lonely Planet*, zwei vorgebuchten Nächten im Hostel und ansonsten keinem Plan, was ich die nächsten Monate eigentlich wo und wie machen würde. Zu der Zeit gab es wohlgemerkt noch kein Smartphone und keine Social Media. Ich hatte zu Anfang noch nicht einmal eine E-Mail-Adresse. Lustigerweise haben Ole und ich Jahre später festgestellt, dass wir uns damals, mit gerade 19 Jahren, am anderen Ende der Welt gut hätten über den Weg laufen können: Als ich gerade für ein paar Wochen als Nanny und Haushälterin in Brisbane arbeitete, um meine Weiterreise zu finanzieren, lag er als Seemannslehrling mit einem Containerschiff nur wenige Kilometer von mir entfernt im Hafen.

Wenn es eines gibt, das ich in meinem Leben vermisse, seit wir mit den Kindern in unserem Hafen leben, dann ist es das Reisen. Fast zehn Jahre lang war das Erkunden fremder Welten und Kulturen mein Lebenselixier. Eigentlich ist es seltsam: Für die meisten verheißt ein Hausboot Freiheit. Aber ich bin mit dem Moment, als ich auf ein Hausboot zog, sesshaft geworden. Als hätte erst das Wissen um die theoretische Mobilität, also dass man ja jederzeit ablegen *könnte*, meine Rastlosigkeit gestillt. Klar, man könnte auch mit Kindern viel reisen. Bei uns lag es in den letzten Jahren eher daran, dass wir jeden Cent und jede freie Minute, die übrig waren, in das Hausboot und in den Hafen gesteckt haben. Und ohnehin verliefe der Versuch, mit Kindern dieselbe Art von Reisen zu machen wie als ungebundene junge Leute, vermutlich nur enttäuschend. Das Besondere daran war ja, einfach loszumarschieren – ohne Plan, ohne zu wissen, wo ich am Abend schlafen oder essen würde. Ich bin immer unter einfachsten Bedingungen unterwegs gewesen und habe mich vom Zufall leiten lassen. Wo es mir gefallen hat, da blieb ich. Viele Wege entstanden durch zufällige Begegnungen. Im australischen Outback habe ich unter Sternen geschlafen, in einer Strohhütte am indischen Strand mit Sandflöhen gekämpft und mir in den Bergen von Nepal die Nase abgefroren. Wie in unserem ersten Winter auf dem Hausboot habe ich mir damals noch unter der warmen Bettdecke mehrere Lagen Klamotten angezogen. In dem Moment, in dem man feststellt, dass kein warmes Wasser aus der Leitung kommt und man die steinalte nepalesische Gastmutter bitten muss, einen Kessel Wasser zum Waschen aufzusetzen, wünscht man sich nichts sehnlicher, als in ein Vier-Sterne-Hotel einzuchecken und dort ein Vollbad zu nehmen. Aber im Nachhinein sind es genau diese Geschichten, die man stolz am Lagerfeuer erzählt. Diese ungeplanten Abenteuer sind es, die uns ein Leben lang in Erinnerung bleiben. Um sie zu erleben, muss man aus seiner Komfortzone kommen und sich auf das Unplanbare einlassen. Während meines Studiums bin ich jeden Sommer mit meinem besten Freund Markus im VW-Bus quer durch Europa getourt – von den norwegischen Fjorden bis auf die griechische Peloponnes, von der portugiesischen Atlantikküste bis in die entlegensten

Ecken Rumäniens. Nie hatten wir ein Navigationssystem dabei, selten eine Ahnung, wo wir unser nächstes Camp aufschlagen. Doch wenn man jung ist und noch keine Kinder hat, machen einem ungeplante Irrfahrten mitten in der Nacht auch noch nichts aus. Es ist einem relativ egal, ob aus einer auf 10 Stunden veranschlagten Fahrt plötzlich eine 20-stündige Odyssee wird, weil man die Qualität der osteuropäischen Straßen überschätzt hat. Der Weg ist das Ziel!

Wenn man jedoch Kinder hat, ändert sich alles. Ein Kind hat kein Verständnis für die Abenteuerlust seiner Eltern. Wenn es Hunger hat oder einfach keine Lust mehr, eingepfercht in einer Babyschale zu liegen, dann wird so eine Fahrt ganz schnell zum Höllentrip. Bei einer Reise mit Kindern zählt das Ziel, nicht der Weg – so unromantisch das klingt.

Das Gefühl der Freiheit und der süße Geschmack des Ungewissen, sie fehlen mir. Und jetzt, nachdem unser Leben öffentlich geworden ist, erreichen uns plötzlich so viele Nachrichten von Menschen, die unsere Geschichte inspiriert hat. Sie schreiben, dass wir ihren Traum leben, dass sie uns bewundern, dass wir es gewagt haben, aus der Enge des Alltäglichen auszubrechen. Und ich werde nachdenklich. Kann es sein, dass wir Menschen niemals glücklich und zufrieden sind mit dem, was wir haben? Wird es je eine Situation geben, in der ich mich umschaue und denke, »Nö, ich möchte mit niemandem tauschen, alles ist perfekt, so wie es ist«. Viele unserer Freunde reisen weiterhin um die Welt. Es versetzt mir jedes Mal einen Stich, wenn uns mal wieder neue Bilder und Berichte aus den Dschungeln und Wüsten dieser Welt erreichen. Doch dieselben Menschen beteuern immer wieder, wie sehr sie uns manchmal um *unser* Leben beneiden. Wer immer nur unterwegs ist, spürt nie das bittersüße Gefühl, das Fernweh in uns auslöst, weil es zum Großteil auch die Vorfreude auf das Ungewisse ist, die uns diesen gewissen Kick verspüren lässt. Und hätte ich mich für dieses andere Leben entschieden oder hätte das Leben mir einen anderen Weg gezeigt, zum Beispiel, weil ich keine Kinder hätte kriegen können: Vermutlich wäre ich jetzt noch viel weiter und mehr gereist in meinem Leben – aber vielleicht zutiefst einsam und trauernd um die Familie, die ich mir immer gewünscht hatte.

Irgendwie glaube ich mittlerweile, dass es immer etwas am Leben anderer Menschen geben wird, das man begehren, auf das man neidisch sein wird und das man vermisst. Wir blicken sehnsüchtig und nostalgisch zurück. Gleichzeitig blicken wir in die Zukunft und können manches kaum erwarten. Immer arbeiten wir auf etwas hin – darauf, dass irgendetwas besser oder leichter wird. Dass wir irgendwann vielleicht nicht mehr so viel arbeiten müssen oder weniger Geldsorgen haben. Dass ich irgendwann auch wieder reisen kann. Und dann? Dann werde ich vermutlich mit Tränen in den Augen ein Fotoalbum in den Händen halten und mich nach unserer gemeinsamen Zeit auf dem Hausboot zurücksehnen, als meine Kinder noch so klein waren und mich gebraucht haben. Eines wird mir immer klarer: Erinnern ist schön. Hoffnungsvoll in die Zukunft schauen ist wichtig, um seine Träume zu verwirklichen. Und Zufriedenheit mit dem Erreichten kann schnell träge machen. Aber bei alldem sollten wir nicht die Gegenwart aus dem Blick verlieren – und die Wertschätzung für das, was wir haben.

Klammern wir uns vielleicht gern an Vergangenem fest, weil wir Angst davor haben, eine Version von uns zu verlieren, an die wir uns gewöhnt haben? Ich glaube, ich vermisse gar nicht so sehr das Reisen an sich. Und wahrscheinlich mache ich mir auch etwas vor, wenn ich glaube, dass ich dieses einfache und spärliche Dasein heute genauso genießen könnte wie damals. Habe ich es denn damals überhaupt wirklich genossen? Die meisten von uns haben doch einen verklärten Blick auf ihre Vergangenheit – vor allem auf diese spannende Zeit zwischen dem Auszug von zu Hause und den Verpflichtungen und Sorgen einer eigenen Familie. Diese Zeit, in der wir niemandem Rechenschaft schuldig waren, uns einfach treiben lassen konnten. Sicherlich sehne ich mich manchmal nach dieser Version von mir, diesem furchtlosen, im wortwörtlichen Sinne verantwortungslosen *Ich*, das unwiederbringlich verloren ist. Doch was habe ich dafür gewonnen? Ich werde nie wieder einsam sein.

Der Hausboot-Mittelstand

Wie erhofft, kommen mit der Ausstrahlung des Fernsehbeitrags nicht nur Feriengäste, sondern auch die ersten Kaufinteressenten für unsere neuen Hausboote. Es melden sich Menschen bei uns, die schon immer davon geträumt haben, auf einem Hausboot zu wohnen, bisher aber nie den Mut hatten, sich näher damit zu beschäftigen – oder die das Angebot auf dem deutschen Markt nach kurzer Recherche abgeschreckt hat. Aus gutem Grund. Ohne uns vorher richtig dessen bewusst gewesen zu sein, füllen wir offenbar eine Lücke. Bisher gab es Hausboote vor allem für zwei Zielgruppen: Menschen mit sehr gutem Einkommen, die sich eine Luxusimmobilie und den dazugehörigen, eigentlich unbezahlbaren Stadtliegeplatz leisten können – und Aussteiger, Hippies, die meist recht kärglich auf mehr oder weniger maroden, zusammengezimmerten und eher geduldeten Booten in irgendwelchen Seitenarmen leben. Für den Durchschnittsmenschen, eine ganz normale Familie, ist ein Leben auf dem Hausboot in Deutschland eher nicht vorgesehen. Und wer sich damit beschäftigt, stößt auf so viele Fragen und Hürden, dass er oder sie sich meist schnell wieder davon abbringen lässt.

Bei den ersten Besichtigungsterminen wird deutlich, weshalb die Menschen zu uns kommen: Sie finden es sympathisch, dass wir keine große Immobilienfirma sind, sondern eine kleine Familie. Dass wir die Hausboote noch selbst bauen wollen und es uns auch reichen würde, wenn wir einen oder zwei Aufträge pro Jahr bekommen würden. Natürlich schafft es Vertrauen, dass wir selbst seit Jahren auf einem Hausboot leben, deshalb also aus eigener Erfahrung sprechen und alle Fragen zum praktischen Leben auf dem Wasser ehrlich beantworten können. Die Kunden können außerdem von Anfang an dabei sein und mitbestimmen, wenn ihr Hausboot geplant und gebaut wird, und bekommen keine fertigen Bausätze aus dem Ausland vor die Nase gesetzt, an denen kaum mehr etwas geändert werden kann. Letztere werden uns nach dem Fernsehbeitrag angeboten und mit den Worten ans Herz gelegt, dass wir damit mit nur drei Mann innerhalb von zehn Tagen ein ganzes Hausboot fertig bauen, unsere Produktivität also enorm steigern könnten. Abgesehen davon, dass wir gar nicht so groß werden wollen, schreckt uns allein schon das starre Wort »Bausatz« ab. Nach einem kurzen Blick auf die Materialliste lehnt Ole dankend ab. »Alles Plastik und miese Qualität. Und noch dazu dürften wir die Garantie übernehmen!«

Das Erste, was Feriengästen oder Kaufinteressenten auffällt, wenn sie das neue Hausboot betreten, ist der Geruch, die Atmosphäre: »Oh, wie schön würzig das nach Holz riecht!«, hören wir immer wieder. Und: »Man spürt geradezu, dass hier alles atmen kann, dass alles in Bewegung ist.« Jetzt zahlt sich aus, dass Ole bei der Materialauswahl nicht gespart hat. Gerade die Menschen, die von einer alternativen Wohnidee träumen, die sich reduzieren und näher an der Natur leben möchten, legen Wert auf Nachhaltigkeit und Gesundheit.

Während es beim gewöhnlichen Hausbau meist junge Paare oder Familien sind, die für sich ein Zuhause schaffen wollen, locken wir mit unserem Konzept eine ganz andere Zielgruppe an. Die meisten Interessenten sind um die 50 oder etwas älter, stehen also mitten im Leben, haben oft viele Jahre in ein und demselben Job gearbeitet, haben Kinder, die gerade im Begriff sind, auszuziehen – und stehen jetzt an einem Punkt in ihrem Leben, an dem sie sich fragen, ob es das schon gewesen sein soll. Sie wollen noch mal etwas verändern, etwas Neues erleben, ausbrechen und noch mal neu anfangen. Sie wollen etwas für sich allein. Und oft wollen sie sich auch radikal verkleinern, damit sie sich im Alter nicht um ein großes Familienhaus mit Dachboden, Keller und Garten kümmern müssen.

Oft haben wir in den vergangenen Monaten gehört, man bewundere uns für unseren Mut. Dabei sind es eher diese Menschen, die wirklich mutig sind. Denn wir sind im Grunde gar nicht ausgebrochen und haben nie irgendwo komplett neu angefangen. Wir sind nicht die Aussteiger, für die uns vielleicht der eine oder andere hält. Denn wir kennen es ja eigentlich gar nicht anders. Es gab nie eine Sicherheit, die wir hätten aufgeben müssen. Wir haben unser (erwachsenes) Leben direkt so begonnen. So konfus und kurvenreich und wunderbar, wie es sich entwickelt hat – nichts davon war ein bewusstes Aussteigen. Eigentlich bin ich sogar ein Mensch, der – wenn er es sich erst mal gemütlich gemacht hat – nur sehr schwer dazu zu bewegen ist, sich aufzuraffen und etwas zu verändern, was doch gut funktioniert. *Never change a running system!* Hätte ich vorher ein paar Jahre das »normale Leben« geführt, mit einer Stadtwohnung und einem Job, der mir jeden Monat verlässlich mein Gehalt auf mein Konto spült – ich weiß nicht, ob ich den Mut gehabt hätte, das aufzugeben. Den Menschen, denen das gelingt, gebührt mein größter Respekt.

Die Hausbootvermietung läuft super, und unsere Gäste sind zufrieden. Wir haben ursprünglich mit einer Auslastung von vielleicht 30 Prozent gerechnet, sind aber bei gut 80 Prozent – und das bisher ohne

Vermieterportale im Internet. Wir haben es geschafft. Das Hausboot hat einen gehobenen Standard. Es gibt eine Liste an Kaufinteressenten, die von einem Hausboot träumen und unser Konzept gut finden. Einige davon waren bereits zum Testwohnen auf dem Prototypen. Ein Hindernis ist für viele noch die Frage nach dem Liegeplatz. Einen Teil der Sorgen können wir zerstreuen, weil unsere Hausboote ja offiziell als Sportboote zugelassen sind, was bedeutet, dass man in nahezu jedem Sportboothafen Deutschlands liegen darf. Und auf seinem Boot zu schlafen kann einem keiner verbieten. Einen festen Wohnsitz darauf anmelden kann man jedoch weiterhin nicht ohne Baugenehmigung. Wir hoffen, dass sich die deutschen Behörden in Zukunft weiter gegenüber alternativen Wohnideen öffnen und bürokratische Hürden abgebaut werden.

Was den Bau der Hausboote angeht, sind einige Verbesserungen geplant. Klar ist, dass ich die Hausboote künftig nicht mehr allein bauen werde – weil ich das weder zeitlich noch körperlich schaffe. Wir wollen mit ortsansässigen Firmen und Fachkräften kooperieren. Regionalität und kurze Wege sind uns wichtig, genauso wie ökologisch sinnvolle Baustoffe. Wir würden auch gerne eine Art Hausmeister einstellen, der sich um den Hafen kümmert, damit ich mich auf die Hausboote konzentrieren kann. Unser nächstes großes Projekt ist der Bau einer Halle, in der die Hausbootteile in Segmentbauweise entstehen und mithilfe eines Krans auf dem Wasser zusammengesetzt werden sollen. Wir sind guter Dinge, was die Firma angeht, und glauben daran, dass wir genügend Interessenten finden, um vom Hausbootbau gut leben zu können.

Geankert

Es ist schon eine Ironie des Schicksals, dass wir uns, nachdem wir beide jahrelang umhergezogen sind, am Ende ausgerechnet mit einem Hausboot sesshaft gemacht haben. Klar, uns ging es von Anfang an nie darum, damit umherzuziehen, also unser Nomadenleben fortzusetzen. Ganz im Gegenteil wollten wir ganz pragmatisch endlich eine Wohnung haben. Dass sie so ungewöhnlich sein und eine so schöne Aussicht bieten würde, war sozusagen der unerwartete Bonus. Und dass wir uns dann mit dem Hafen ein Zuhause *und* eine Existenz schaffen konnten, das hätten wir so nie planen können. Wenn wir so auf die vergangenen acht Jahre blicken oder jemandem unsere Geschichte erzählen, können wir manchmal selbst kaum fassen, wie viele zufällige Begegnungen, Glücksumstände und spontane Wahnsinns-Entscheidungen uns am Ende hierhergeführt haben. Und wie oft uns die »Not« erfinderisch gemacht hat.

Die Wohnungsnot hat uns zum Hausboot gebracht. Die Liegeplatzproblematik hat uns zum eigenen Hafen gebracht. Und das Problem Jobs, Kinder und Hafen unter einen Hut zu bringen, hat uns auf die Idee gebracht, Hausbootbauer zu werden. Durch das Medieninteresse kamen die Anfrage für das Buch, die ersten Feriengäste und die ersten Kaufinteressenten. Manchmal haben wir das Gefühl, unser Leben rast unkontrolliert an uns vorbei. Und wir fragen uns öfter: Ist uns alles in den Schoß gefallen? Haben wir das eigentlich alles verdient? Am Ende war es wohl eine gute Mischung aus Glück, Mut, Risikobereitschaft und natürlich Oles handwerklichen Fähigkeiten.

Im Moment denken wir darüber nach, das Hausboot früher oder später zu verkaufen und wieder aufs Land zu ziehen. Ole träumt schon länger davon, dieses dauerhafte Provisorium abzustoßen und uns wieder etwas Neues zu erschaffen. Über die Jahre hat er bei jedem Projekt so viel dazugelernt, dass er unser Hausboot am liebsten komplett abreißen und neu bauen würde. An allen Ecken und Kanten sieht er Mängel und Provisorien, die ihn wahnsinnig machen. Seine Ansprüche sind gestiegen – und je länger wir hier wohnen und er wegen des Hafens und der neuen Hausboote keine Zeit hat, etwas am eigenen Haus zu machen, desto größer werden hier die Baustellen. Ich kann ihn zwar verstehen, aber der Gedanke macht mich auch traurig. Für mich ist das Hausboot unser erstes gemeinsames Zuhause – der Ort, an dem wir eine Familie gegründet haben. Für unsere Kinder ist es das einzige Zuhause, das sie kennen. Als Line in den Kindergarten kam und sie anfing, sich mit anderen Kindern zu verabreden, wurde ihr überhaupt erst bewusst, dass sie anders wohnt als alle anderen. Eines Tages kam sie vom Spielen bei einer Freundin nach Hause und fragte mich: »Mama, können wir bitte umziehen? Ich will auch mal in einem richtigen Haus wohnen!« Für Kinder ist es vermutlich nicht besonders erstrebenswert, »anders« zu sein. Ich kann mir allerdings vorstellen, dass viele Kinder, wenn sie bei uns spielen waren, ihre Eltern danach fragen, ob sie nicht auf ein Hausboot ziehen könnten. Und ich bin mir ziemlich sicher, dass unsere Kinder sich später nach diesem Zuhause sehnen und sich gerne daran erinnern werden.

Trotzdem merke auch ich, dass vielleicht bald die Zeit gekommen ist, etwas zu verändern und einen neuen Abschnitt zu beginnen. Die Kinder werden so schnell groß. Noch teilen sie sich ein Kinderzimmer, und das ist auch überhaupt kein Problem. Die beiden sind ein Herz und eine Seele. Aber irgendwann werden sie das Bedürfnis haben, sich zurückzuziehen. Wenn Line bald zur Schule kommt, wäre ein eigenes Zimmer mit Schreibtisch schön. Und auch Ole und ich sehnen uns immer mehr nach Rückzugsmöglichkeiten für uns selbst. Außerdem sammeln sich mit den Kindern so viele Dinge an, und es fällt immer schwerer, sich auf das Nötigste zu reduzieren. Uns fehlt es an Stauraum, das Hausboot platzt aus allen Nähten.

Seit fast acht Jahren ist das Hausboot unser Zuhause. Es hat uns nicht nur ein Dach über dem Kopf gegeben, sondern unser Leben in neue Bahnen gelenkt. Wir haben ihm alles zu verdanken, was sich in den letzten Jahren entwickelt hat. Das klingt, als ob ich von einem Menschen spreche, von einem Familienmitglied, das aktiv an unserer Geschichte mitgewirkt hätte. Und irgendwie fühlt es sich für mich tatsächlich so an. Zu meiner Verteidigung muss ich allerdings sagen, dass ich noch nie in meinem ganzen Leben so lange in ein und demselben Haus gewohnt habe. Bis zu meinem 27. Lebensjahr, als wir auf das Hausboot zogen, bin ich zehnmal umgezogen. Die bis dahin längste Zeit in einem Haus waren meine Teenagerjahre auf dem Dorf. Was mir damals vorkam wie ein halbes Leben, waren in Wirklichkeit keine sieben Jahre. Kein Wunder also, dass ich so einen starken Bezug zu diesem Haus habe. Es graut mir vor dem Moment, wenn ich mich von ihm verabschieden und dem Hausbootdasein Lebewohl sagen werde. Aber ich spüre langsam, was Ole schon seit ein paar Jahren unter den Nägeln brennt. Es meldet sich langsam wieder die Sehnsucht nach Veränderung, nach Neuem. Wir haben schon wieder Hunderte Ideen und Projekte im Kopf – nicht nur beruflich, sondern auch für unser eigenes Zuhause. Eines aber ist sicher: Dieser Hafen wird unser Zuhause bleiben. Wir haben unseren Ankerplatz gefunden. Und egal, wie wir in Zukunft leben werden – gewöhnlich wird es bestimmt nicht.

Epilog

Wir werden oft gefragt, warum unser Hausboot keinen Namen hat. Jedes Boot habe doch einen Namen! Aber ausgerechnet das, auf dem wir viele Jahre unseres Lebens verbringen, bleibt für uns namenlos. Ja, auf der Kaufurkunde stand damals *Marina Sophia*. Aber seit dem Kauf hat keiner von uns diesen Namen noch mal erwähnt. Irgendwie war es für uns immer nur ganz pragmatisch »das Hausboot« – als ob es nur das eine gäbe auf der Welt. Bei unserer Hausboot-Einweihungsparty haben wir uns den Spaß gemacht, unsere Gäste Namensvorschläge auf einen Zettel schreiben zu lassen. Einige davon waren gar nicht mal so schlecht. Aber irgendwie wollte es uns danach nicht gelingen, uns auf einen Namen zu einigen und unser Haus zu benennen. Ich glaube, uns kam es einfach kindisch vor, unser Haus beim Namen zu nennen. »Du, die *Marina Sophia* hat heute Nacht aber wieder ordentlich geschaukelt.« Wir sind offensichtlich nicht die Art Menschen, die Gegenständen Namen geben – auch wenn sie uns noch so sehr am Herzen liegen. Und vielleicht liegt es auch daran, dass wir ursprünglich ja nicht nach einem Boot suchten, sondern ganz pragmatisch nach einem Dach über dem Kopf. Für uns ist es weniger Boot als Haus. Und seinem Haus gibt man keinen Namen. Trotzdem ist es für mich mehr als vier Wände und ein Dach. Es ist mehr als ein Zuhause. Und das hat einen Grund. Wenn mich jemand fragt, wo ich herkomme, gerate ich seit jeher ins Stottern. Ich weiß nicht, warum mich diese einfache Frage immer so aus dem Konzept bringt, aber Tatsache ist, dass ich keine einfache Antwort darauf habe. Meinen die Menschen, wo ich geboren wurde, wo ich aufgewachsen bin oder wo ich im Moment wohne? Mit dem Begriff »Heimat« konnte ich lange Jahre nichts anfangen. Irgendwie ist er auch nicht unbedingt positiv besetzt. Für mich klingt er ein bisschen nach Volksmusik und Hirschgeweih. Ja, wenn ich meine Familie im Süden besuche und durch das Dorf spaziere, in dem ich aufgewachsen bin, dann durchströmt mich ein wohliges, warmes Gefühl von Geborgenheit. Und wenn ich mich mit meinen ehemaligen Kommilitonen zum kinderfreien Kiezwochenende in Bremen treffe, dann fühle ich mich wieder wie Anfang zwanzig und ich bewege mich in den Gassen, als wäre ich dort zu Hause, weil ich den Heimweg im Schlaf kenne. Aber Heimat würde ich das alles nicht nennen. Es sind Orte, die ich mit Phasen meines Lebens und den dort lebenden Menschen verbinde.

Aber hier, in unserem kleinen Hafen, habe ich das erste Mal das Gefühl, angekommen zu sein. Dieser Ort ist die Heimat unserer Familie. Und auch, wenn wir in ein paar Jahren vielleicht nicht mehr auf unserem Hausboot leben, sondern vielleicht am Ufer mit Blick auf unseren ehemaligen Liegeplatz, so hat das Hausboot unser Leben doch für immer geprägt und gelenkt. Und es hat uns zu unserem eigentlichen Zuhause gebracht: in unseren Heimathafen.

Danke

Unser Dank geht an …

… unsere Familien, für die Unterstützung in jeglicher Hinsicht, ob finanziell, seelsorgerisch oder tatkräftig. Der größte Dank geht an unsere Eltern, die uns geprägt haben und am Ende nicht unerheblich dafür verantwortlich sind, dass wir dieses Leben führen dürfen. Denn ihr habt uns das Selbstvertrauen, den Mut und die Zuversicht dafür in die Wiege gelegt. Danke!

… Oliver, unseren Lektor, der uns von Anfang an mit so viel positivem Zuspruch bestärkt und geholfen hat. Vielen Dank für deine sensible, konstruktive Kritik.

… Niels Brockmeyer für die Anfangsidee zu diesem Buch und dafür, dass du uns kontaktiert hast!

… Dietrich dafür, dass du an unsere Visionen geglaubt hast. Ohne dich wären wir nie so weit gekommen!

… alle Freunde, die, ohne zu zögern, in ihrer Freizeit mit anpacken, wenn mal wieder Not am Mann ist. Vielen Dank für eure Hilfe im Hafen und bei der Fertigstellung des Musterhausboots auf den letzten Drücker! Vielen Dank allen Helfern bei den Sommerfesten und bei unserer Hochzeit! Die gemeinsamen Tage vor den Festen, an denen wir zusammen gebastelt und gebaut haben, waren fast noch schöner als die Feste selbst.

… die Stöckter und Hoopter – dafür, dass wir so herzlich willkommen geheißen wurden. Eure offene und herzliche Art trägt dazu bei, dass unser Hafen zum *Heimathafen* geworden ist.

… all die vielen Zufallsbekanntschaften und Schicksalsbegegnungen, die unser Leben immer wieder auf so wundersame Weise beeinflusst und gelenkt haben.

Lieber Ole,

dieses Buch ist in jeglicher Hinsicht ein Gemeinschaftsprojekt. Auch wenn ich nun den Großteil unserer Geschichte aufgeschrieben habe: Du bist der Autor unseres Lebens. Du bist Ursprung und Antriebskraft all dieser im wahrsten Sinne des Wortes wundervollen Dinge, die in unserem Leben passieren. Mit dir wird es nie langweilig. Danke für dieses außergewöhnliche Leben, unsere Kinder, deine Liebe!

Bildnachweis

S. 1, S. 5 unten rechts, S. 8: © Oliver Creon
S. 5 oben: © Christoph Gilb
S. 6 unten rechts: © Joshua Müller
Alle anderen Fotos: Jill & Ole Grigoleit